연애성취사

연애성취사

戀愛成就寺

코이케 류노스케 지음 | 심선지 옮김

아숲

🏷️ 일러두기

1. 이 책은 디지털 콘텐츠 회사 자팔라스(zappallas)가 운영하는 모바일 사이트 '스피찬(スピチャン, http://spichan.com)'에
   연재한 「연애성취사」의 원고를 정리해서 출간한 것입니다.
2. 본문 '특강'은 2011년 7월부터 2012년 4월까지 월간지 『지퍼Zipper』(쇼덴샤)에 연재한 칼럼 「연애도피사(戀愛逃避寺)」
   의 원고를 재수록한 것입니다.

사랑의 덫, '나는 특별하다'는 감정

사랑을 말할 때 우리는 자연스럽게 뭔가 아름답고 달콤한, 좋은 이미지를 떠올립니다. 서로 사랑하는 두 사람, 애정 넘치는 말, 달아오르는 얼굴, 두근거리는 가슴, 편안한 느낌의 공감 등등. 사랑은 우리를 이런 감미로운 감정에 빠져들게 하지만, 또한 걸핏하면 상대방을 의심하게 합니다. 심한 경우, 그런 불안한 생각에 마음이 지배당하기도 합니다.

사랑을 한 번쯤 경험해본 사람이라면 누구나 다 알고 있을 겁니다. 좋든 싫든 간에 연애 감정에는 상대방을 향한 갈망이 깔려 있게 마련입니다. 그리고 이런 갈망은 연인의 행동이나 말이 자기 기대에 미치지 못할 때 조바심으로 바뀝니다. '왜 항상 내가 먼저 만나자고 해야 하지?' 하는 불만이 생기고, 사랑의 힘겨루기로 안절부절못하거나, 결혼에 대한 상대방의 생각을 알 수 없어 전전긍긍하기도 합니다. 자기 기분을 알아주지 않는다며 토라진 끝에 싸움을 걸고, 질투하고, 원망하고, 그리워하고, 불안이나 외로움 같은 감정이 교차하기도 합니다.

모처럼 맺은 달콤한 관계를 이런 부정적인 감정으로 얼룩지게 하고, 마음을 불편하게 하고, 거슬리게 하는 이유는 무엇일까요?

자, 자세한 이야기는 나중에 하기로 하고, 일단 지금은 그 답을 한

줄로 정리해보겠습니다. 사랑에 빠지면 '당신에게는 나밖에 없다'는 자아 도취적인 특별한 감정이 두드러집니다. 그리고 '나는 특별하다'는 흐뭇한 기분에 취해 상대방의 기분을 헤아리지 못하게 하는 기제가 작용합니다. 바로 그런 이유 때문입니다.

이 책은 그동안 제가 한 모바일 사이트에서 연애 문제로 고민하는 여성들과 상담하면서 사랑에 관한 다양한 주제에 대해 언급한 내용과 특히 '나는 특별하다'는 감정이 주는 쾌감과 폐해를 분석한 내용을 정리한 것입니다. 연애할 때 생기는 마음의 질곡을 다방면으로 파고들었기에 혹시라도 그런 부정적인 면 때문에 어떤 분은 고개를 돌리고 싶어질지도 모르겠습니다.

하지만 만약 이 책을 통해 여러분이 지금까지 누군가를 사랑할 때 일어났던 일들을 되돌아보고 연애에 실패해서 상처가 남게 된 원인을 발견한다면, 그건 자신의 부정적인 면을 스스로 깨달은 덕분이라고 할 수 있습니다. 그리고 이런 깨달음은 상대방이나 자신의 성격을 바꿀 좋은 기회가 될 수도 있습니다.

연애할 때에는 누구나 자아가 극도로 예민해집니다. 그리고 평소보다 훨씬 다양한 형태의 부정적인 감정이 생기게 마련이죠. 피할 수 없는 이런 흐름은 종종 자기 안에 숨어 있던 부정적인 면에 대한 자각으로 이어지기도 합니다. 여러분이 부정을 긍정으로 아름답게 만들어갈 수만 있다면, 사랑이 우리에게 무척 많은 걸 가르쳐준다는 사실 또한 깨닫게 될 겁니다.

아무쪼록 여러분의 연애가 해피엔딩이 되기를 기원합니다!

자, 그럼 이제부터 연애의 다양한 모습을 하나하나 들여다볼까요?

코이케 류노스케

차례

1. 남자 친구의 진심을 알고 싶어요

제 남자 친구는 만날 때마다 태도가 변합니다.
무척 다정하다가도 갑자기 냉정해지곤 해서
그의 진심을 모르겠습니다.
문자 메시지에도 답을 하다 말다 해서 제가 연락하지
않으면 몇 주가 지나도록 감감무소식입니다.
선을 봤다는 말도 들리고, 다른 여자와 지나치게
친하게 지내는 걸 봤다는 사람도 많습니다.
이런 관계를 계속 유지하기 힘들어서 그만 끝내려고 마음먹고
"나 좋아해?" 하고 물으니 "좋아!" 하고 대답은 하네요.
하지만 그 사람이 절 어떻게 생각하고 있는지
도무지 진심을 알 수 없어 불안합니다.
어떻게 하면 관계를 발전시킬 수 있을까요?

(31세, 회사원)

당신의 남자 친구는 자신의 애정을 표현하기보다 사랑을 받고 싶어 하는군요. 한마디로 자존심 세고 상처받기 쉬운 사람입니다.

이런 사람은 상대방에게 애정을 표현하기가 몹시 어렵죠. 자기가 애정을 표현하거나 다정하게 굴지 않아도 여자가 자기를 좋아한다고 느끼면, 그것으로 자존심을 채우는 겁니다. 여기서 자존심은 '이기고 있다는 느낌'이라고 바꿔 말할 수 있습니다.

이런 남자는 평소에 냉정하게 굴어서 여자를 불안하게 합니다. 그러다 기분 내킬 때 가끔 다정하게 대해주면 여자는 아주 행복해합니다. 그렇게 남자는 여자를 정신적으로 지배함으로써 자기가 대단한 영향력을 행사하고 있다고 느낍니다. 자신의 가치가 올라갔다고 느껴서 기분이 좋아지죠.

그가 이처럼 자존심을 앞세우는 이유는 당신을 좋아하지 않아서가 아닙니다. "다 잡은 물고기에는 미끼를 주지 않는다"는 옛말처럼 여자가 자기 손아귀에 들어오면 사랑받는 걸 당연하다고 여기고, 더는 미끼를 주지 않으려고 하기 때문에 그러는 겁니다. 가만 보면 요즘 남자들은 낚시할 때에도 그런 경향이 있는 듯합니다. 미끼를 던지고도 고기를 낚지 못하면, 미끼 없이 고기를 낚지 못했을 때보다 상처가 훨씬 더 크기 때문이겠죠.

유리 같은 마음.
너무 센 자존심.

이런 의미에서 자존심 강하고 상처받기 쉬운 사람일수록 자신은 별로 노력하지 않으면서 사랑받기를 원합니다. 상대방에게 차였을 때 "그건 내가 최선을 다하지 않았기 때문이야"라는 변명의 여지를 남겨놓는 겁니다.

자신감이 없는 만큼 자존심은 강해진다

남자들이 별로 노력하지 않으면서도 사랑받기를 원하는 이유를 좀 더 생각해볼까요? 이런 남자들은 설령 자신이 열심히 노력한 결과로 상대방이 자신을 받아들인다고 해도, 사랑받는 대상은 자신이 아니라 자신의 '노력'이라고 생각합니다. 연인이 선물을 받고 기뻐하면, 그녀가 사랑하는 대상은 자신이 아니라 바로 선물이라고 생각하는 겁니다. 자기가 열심히 준비한 사랑의 말을 듣고 여자가 기뻐해도, 그 말이 평가받는 것일 뿐, 자신이 사랑받는 건 아니라고 생각하는 거죠. 그는 바로 이런 느낌이 싫어서 미끼는 거의 주지 않으면서 사랑받기만을 원하는 겁니다. 헐, 남자의 마음은 참 까다롭네요.

남자들은 왜 이렇게 복잡하게 생각하느냐고요? 결국, 자신감이 없기 때문입니다. 자존심이 강하다는 것과 자신감이 없다는 건 결국 같은 말입니다. 똑같은 상태를 가리키죠. 현실의 자기는 쉽게 상처받고 허약해서, 그런 모습을 감추려고 '이상적 자기'[1]라는 환상을 만들

---

1) 심리학에서 자기개념(self-concept)을 설명할 때, 실제 자기 모습인 '실제적 자기'와 내가 되고 싶어 하는 자

어냅니다. 왜냐면 연애뿐 아니라 다른 상황에서도 현실과 거리가 먼, 수준 높은 이미지를 꾸며내는 게 자존심의 본질이기 때문이죠.

여자에게 상처를 줘서 자신의 가치를 끌어올린다

높은 수준의 이상적인 자기와 현실에서 왜소한 실제 자기 사이에는 차이가 있게 마련이어서 자존심이 센 남자는 상처받지 않으려고 철저하게 현실을 외면합니다. 이번 사연처럼 일부러 여자에게 상처를 주는 것도 그런 남자들이 꼼꼼하게 준비하는 계략 중 하나라고 할 수 있습니다. 그런 남자는 사랑에 최선을 다하고 있을 때 상대방이 자기를 좋아해도 그다지 기뻐하지 않습니다. 최선을 다하지 않았는데도 사랑받는 걸 가장 좋아하기 때문이죠. 그리고 그보다 더 좋아하는 건 일부러 상처를 주는데도 연인이 자신을 사랑하는 경우입니다. 그래야 자신의 가치를 가장 높이 끌어올릴 수 있다고 믿기 때문입니다. 그것 참, 같은 남자가 봐도 한심한 일입니다.

그중에서도 가장 심한 경우가 바로 바람기입니다. 바람기가 있는 남자는 다른 여자를 건드리거나 한눈을 팔아 사랑하는 사람에게 상처를 줍니다. 남자는, 상처 준 연인이 여전히 자신을 사랑하고, 바람 피운 상대 역시 자신을 사랑한다고 할 때 뿌듯해합니다. '여러 여자에게서 사랑받고 있다'는 느낌, 자신이 마치 전지전능한 존재가 된 듯한

....
기 모습인 '이상적 자기' 그리고 내가 되어야만 한다고 생각하는 자기 모습인 '당위적 자기'로 구분한다.

느낌을 즐기는 거죠. 그리고 그걸 계속 되새기며 흐뭇해합니다.

바람기 있는 남자가 연인의 문자 메시지를 받고도 답하지 않고, 미팅에 나가거나 다른 여자와 친하게 지내면서 굳이 그 사실을 숨기지도 않고 심지어는 일부러 들키게까지 하는 이유는 뭘까요? 바로, 상대방에게 상처를 줌으로써 쾌감을 느끼기 때문입니다.

본인은 깨닫지 못할 수도 있지만, 여자에게 상처를 줌으로써 '내가 이 여자한테 확실하게 영향을 미치고 있군. 그만큼 날 좋아하는 거야'라며, 자신의 가치를 확인하려는 겁니다. 이 모두 남녀가 점점 가까워질 때 자존심이 센 남자가 빠지기 쉬운 함정이죠. 나 또한 그랬기에 잘 알고 있습니다.

상처 주면서 자신을 지키는 초식남들

그런 남자들은 무의식적으로 이렇게 생각합니다. '여자가 원하니까 나는 그녀의 요구를 들어주는 것뿐이야.' 묘하게 수동적인 입장을 취하는 거죠. 이렇게 수동적 입장, 즉 사냥당하는 쪽을 선호하는 게 이른바 '초식남'의 특징입니다.

사람은 누군가가 자신을 원할 때, 자신이 들어설 자리가 있거나 필요한 존재가 되었다거나 사랑받고 있다는 걸 확신할 때, 존재 이유와 삶의 의미를 실감하게 됩니다. 일반적으로는 여자들이 그렇습니다만, 요즘은 남자가 먼저 접근하지도, 적극적으로 구애하지도 않는 경우가 급격히 늘었다고 하는데요. 바로 이런 '초식남'이 늘어나면서 여자들이 먼저 사냥감을 찾아 나서게 된 겁니다.

　남자들이 정신적으로 허약해진 경향과 '초식화' 사이에는 밀접한 관계가 있지만, 남자들이 쉽게 상처받게 된 배경에는 아마, 과거의 실패에 대한 경험도 작용했을 겁니다. 그렇다고 그 경험이 반드시 심각한 연애 문제에만 국한된 건 아닙니다. 그러니까 누군가를 깊이 사랑했다가 버림받은 적이 있는, 가슴 아픈 사연만이 관련 있는 건 아니라는 말입니다. 어쩌면 열심히 입시 준비를 했지만 원하던 학교에 들어가지 못했기 때문인지도 모릅니다. 아니면, 부모에게 인정받고 부모를 기쁘게 해드리려고 했던 일이 실패로 끝났는지도 모르죠. 안타깝게도 요즘 남자들이 그렇습니다. 그 정도의 일로도 뭔가를 원하는 것 자체를 두려워하거나, 이제 더는 열심히 하고 싶은 게 없다거나, 두 번 다시 상처받고 싶지 않다고 생각합니다. 그리고 이런 실패의 경험 때문에 여자를 사랑한다는 것 자체를 두려워합니다.

그의 엄마가 되고 싶은가?

　그렇다면, 이런 남자가 정신적으로 강한 남자로 바뀔 희망은 있을까요?
　네, 가능성은 있습니다. 그 자신의 삶이 막장 드라마가 될 때까지 가보고, 이제 정말 달라져야 한다고 마음속 깊이 깨닫는 순간이 온다면 그럴 수 있습니다. 또 한 가지 가능성은 근본적인 문제가 해결되는 경우입니다. 이를테면 부모와 사이가 나쁜 게 원인이라면 그 문제를 스스로 풀었다거나, 하는 일이 잘 되지 않았는데 최선을 다해 성공하고 자신감도 생기고 가슴에 맺혔던 뭔가도 해소했다면, 변화의 가능성은 있습니다.

하지만 과거의 경험으로 형성된 사고의 패턴은 어지간히 노력하지 않으면 좀처럼 달라지지 않습니다. 이런 남자를 좋아하면 여자는 힘겨울 수밖에 없겠죠. 당신이 해줄 수 있는 건 오직 한 가지뿐입니다. 그 남자가 당신을 의도적으로 괴롭히려고 그런 짓을 하는 게 아니라는 사실을 이해하는 겁니다. 그가 그렇게 행동하는 것밖에 자신을 지킬 방법이 없을 정도로 너무도 나약해서 금세라도 무너질 듯한 남자라는 사실을 인정하는 겁니다.

혹시 이런 남자와 헤어져야 하느냐고 제게 묻는다면, 솔직히 그런 골칫덩어리 사디스트와는 당장 헤어지는 편이 낫겠다고 대답하고 싶습니다. 하지만 어찌 됐든 좋아하고 있으니, 남자 친구가 어떤 병에 걸렸는지를 잘 이해하고 '간호'해줘야 하지 않을까요?

유리 같은 마음이 상처받지 않도록 보살펴주는 것,
그걸 자신의 역할로 받아들이세요.
마치 그의 어머니가 된 것처럼.

본인은 깨닫지 못하고 있겠지만, 이런 남자가 원하는 대상은 끝

없는 사랑으로 가득 찬 이상적인 어머니입니다. 무슨 짓을 해도 다 받아주는 여자, 가학적으로 다뤄도 용서해주는 여자. 남자들은 누구나 어머니 같은 여성을 원하는 구석이 있습니다. 특히 요즘의 연약한 남자들이 이런 병에 걸려 있죠.

당신이 어머니 역할을 해도 좋다면, 계속 사귀세요. 하지만 그렇지 않다면, '좋아하니까 사귈 수밖에 없다'가 아니라 '좋아하지만, 나의 행복을 위해 헤어지는 게 좋겠다'고 생각하는 편이 낫습니다. 그래도 끝내 헤어지지 않겠다면 받아들이세요. 그러나 그에게 사랑받을 수 있으리라는 기대는 버리세요. 그에게는 무리한 일이니까요. 할 수 없는 일을 해주기 바라는 남자와는 마찰이 생기게 마련이니 "이 사람은 누군가가 자신을 사랑으로 감싸주기를 기대하고 있구나, 그렇다면 내가 애정을 쏟아야지", "전화도 늘 내가 먼저 걸고 문자 메시지도 늘 내가 먼저 보내지만, 그걸로 그이의 자존심을 세워줄 수 있다면 그렇게 해야지" 하며 상대방을 보살펴주는 수밖에 없습니다.

이런 사람을 좋아하게 되었다면, 무엇보다 스스로 사랑받기를 포기하고, 상대방을 사랑해야 합니다. 어머니의 맹목적인 사랑처럼. 하지만 실제로 어머니들조차도 자기 아이에게 이토록 맹목적인 사랑을 쏟아붓지는 않죠.

그런데 더 골치 아픈 문제는 자신도 같은 병을 앓는 여자가 이런 남자에게 끌리기 쉽다는 겁니다. 이번 사연에서도 자신이 구애하기보다는 상대방에게 구애받기를 원하는 고민이 보입니다. 자신에게 끊임없이 상처 주는 남자를 지속적으로 사랑하고 행복해질 수 있다면 좋겠지만, 평범한 사람에게는 이게 무척 어려운 일입니다. 사랑받고 싶은 욕구를 버리지 못한 채 살다 보면, 어떻게든 사랑받지 않을까 하는 덧없는 희망을 품고 한없이 끌려가게 됩니다. 그렇게 사랑을 이루지 못한 채 나이만 먹어가죠.

그런 인생이라도 괜찮은가요?

이 질문을 자신에게 던져보시기 바랍니다.

합장.

2. 바람피운 남자 친구를 용서할 수 없어요

최근 남자 친구의 태도가 이상해서 휴대전화를 훔쳐보니
분명히 바람을 피운 흔적이 있었어요.
꼬치꼬치 캐물으니 그 여자와 두 번 정도 잤다고 자백하더군요.
사랑해서가 아니라 우발적인 충동으로 저지른 일이라고 해서
용서해주기로 했어요.
그런데 그때부터 남자 친구가 다른 여자 이야기를 하거나
태도가 맘에 안 들면 괜히 신경질이 나서 몹시 화를 내게 됩니다.
그러고는 나중에 그런 저 자신을 돌아보며 우울해하곤 해요.
이런 일이 반복되니 처음에는 무조건 잘못했다고만 하던
남자 친구도 최근에는 "용서한다는 약속은 어떻게 된 거야?"라며
오히려 저게 화를 냅니다. 그렇게 우리 두 사람의 관계가
삐걱거리고 있습니다.
다시는 예전으로 돌아갈 수 없는 걸까요?

(26세, 판매원)

바람은 자신의 영향력을 확인하는 수단이다

앞의 사례에서도 이야기했듯, 사람들이 바람을 피우는 이유 중 하나는 상대방에게 상처를 줌으로써 자신의 영향력을 확인하고 싶은 어처구니없는 욕망 때문입니다. 바람을 피우면 상대방이 싫어할 게 분명한데도 마음 한구석에서 은근히 그렇게 되기를 바라는 겁니다.

연인이 바람피운 걸 알게 되면 상대방은 무척 혼란스러워하겠죠. 바람피운 사람은 그 모습을 보면서 '이 사람이 혼란스러워하는 건 대통령 때문도, 지구온난화 때문도 아니고 바로 나 때문이야! 역시 내가 이 사람에게 영향력이 있는 거야!' 하고 뿌듯해합니다. 그렇게 자신의 가치를 새삼 확인하고, 안심하고 싶은 겁니다.

반대로 바람을 피웠는데 상대방이 전혀 반응하지 않으면, 자신의 영향력이 조금도 없는 게 아닐까 해서 무력감을 느낍니다. 일반적으로 여자, 특히 자존심 강한 여자가 헤어질 마음도 없으면서 "우리 이제 헤어져!"라고 말하는 것과 같은 심리라고 할 수 있죠. 이렇게 말하는 여자는 실제로 헤어지고 싶지는 않지만, 남자가 쩔쩔매며 헤어지지 말자고 애원하게 하려는 겁니다. 그렇게 남자에게 상처를 줌으로써 자신의 영향력을 확인하려는 거죠. '애정이 식어버린 건 아닐까, 나는 정말 사랑받고 있는 걸까' 하고 불안해하던 여자는 자기 말에 남자가 영향받고 있다는 걸 확인합니다. 결국, 남자의 마음이 자기 지배하에 있다는 걸 확인하면서 자신이 진정으로 사랑받고 있음을 실감하는 겁니다.

비슷한 행동을 하는 남자들도 있지만 여자들보다는 많지 않습니다. 그 대신 바람을 피우는 남자는 많이 있죠. 얼핏 보면 이들은 바람피운 사실을 들키지 않고 어떻게든 감추려고 애쓰는 것처럼 보이지만, 사실 이들의 마음 한구석에는 '들켜도 괜찮아'라든가, '들키면 어떻게 될지 궁금해' 하는 생각이 숨어 있을 겁니다.

바람을 막으려면 계속 미끼를 주는 수밖에 없다

"다 잡은 물고기에는 먹이를 주지 않는다." 이 말은 남자들만의 전매특허가 아닙니다. 여자들도 남자와 사귄 지 오래되면 처음처럼 정성 들여 차려입지 않죠. 신경 써서 화장하지도 않고, 잘 쓰지 않던 거친 말도 아무렇지 않게 내뱉습니다. 관계가 매너리즘에 빠지면 양쪽 모두 사랑을 받으려고만 하지 정작 자신은 애정을 표현하지 않게 됩니다.

하지만 '남자와 바람을 피운 여자'의 입장에서 보면, 시간이 흘러도 남자는 여전히 자기 것이 될 수 없습니다. 남자에게 여자는 언제까지나 '바람피운 상대'로만 남아 있죠. 그러니 한눈팔지 않고 남자에게 늘 최선을 다할 수밖에요. 남자가 좋아하는 음식을 만들어주거나 사랑이 듬뿍 담긴 미소를 보냅니다. "당신 얘기는 정말 재미있어요!" 하며 남자에게 아양을 떱니다. 한마디로 계속 미끼를 던지는 겁니다. 그러면 남자는 "내 여자 친구는 절대로 이렇게 잘해주지 않는데!" 하고 **차이**를 느끼게 되죠.

남자 친구가 바람을 피우지 않게 하려면 미끼를 지속적으로 던져주는 노력을 기울여야 합니다. 남자도 여자도 처음에는 별로 노력하시 않아도 상대방에게 영향을 미칩니다. 또 자신도 상대로부터 영향을 받죠. 그런 관계가 바로 연애인 겁니다. 하지만 그런 효력도 시간이 지날수록 점점 사라져서 나중에는 노력이 필요해지죠. 부디 이 점을 마음에 새겨두기 바랍니다.

소설 속 이상적인 이성은 소설가의 망상일 뿐이다

"진실한 사랑이라면 연인의 모든 걸 용서해줘야 하지 않나요?"라고 묻는 사람들이 있습니다. 과연 그럴까요? '진실한 사랑'이 역사상 실제로 존재한 적이 있을까요?

너무 오래된 이야기인지 모르겠지만, 도스토옙스키의 『죄와 벌』을 예로 들어보죠. 주인공 라스콜리니코프는 흰 눈처럼 순수한 여자 소냐에게 자신이 중대한 범죄를 저질렀음을 고백합니다. 소냐는 "신도 용서해주실 거예요. 저도 함께 신에게 사죄하고, 대지에 입을 맞추기로 해요"라고 말합니다. 도스토옙스키는 왜 모든 걸 용서해주는 소냐 같은 여자를 만들었을까요? 아마도 소냐처럼 모든 걸 용서해줄 수 있는 지고지순한 인간은 세상에 존재하지 않기 때문일 겁니다.

최후의 순간까지 변함없이 사랑해주거나, 무슨 짓을 하더라도 용서해주는 이성을 누구나 간절히 원하니까, 영화나 소설에 궁극적인 사랑의 화신이 등장하는 겁니다. 만약 그런 사람이 실제로 있다면 소설로 써봤자 진부할 뿐이죠. 또 '이런 사람이 있으면 좋겠다'는 망상의 대상이 되지도 않을 겁니다. 실제로 존재하지 않기에 사람들은 영화를 보거나 책을 읽으면서 "아아, 멋지다!" 하고 감동하는 거죠.

"용서할 수밖에 없어!"는 분노를 억누르고 썩게 한다

당신은 바람피운 남자 친구를 용서하고 싶지만 아무리 노력해도 안 되고, 나중에는 그런 당신을 용서할 수 없게 될 겁니다. 사실 나는 여기서 '용서'라는 말의 의미를 잘 모르겠습니다. 애초에 화내지 않겠다고 마음먹을 수도 있겠지만, 몹시 화난 상태에서 상대방을 용서할 마음이 생길까요? 화를 가라앉혔다면 모르겠지만.

'용서할 수밖에 없어'라며 체념하기보다는 어떻게든 그 화를 가라앉히려는 노력을 해야 합니다. 화가 가라앉지 않으면 계속 화난 상태로 살아가야 합니다. '어쩔 수 없이 용서할 수밖에 없다'는 생각은 분노를 억눌러서 썩게 합니다. 화가 나는데 화내지 않는 건 당신 자신을 속이는 행동과 다를 바 없기 때문이죠. 결국, 자기 안에 폭력과 갈망이 생기고 마음이 왜곡되는 걸 피할 수 없게 됩니다. 따라서 그보다는 차라리 화가 났다는 사실을 있는 그대로 인정하는 편이 낫습니다. 그럴 때에는 이불이라도 뒤집어쓰고 "속상해! 화나! 으아!!!" 하고 소리를 지르며 우는 것도 괜찮은 방법이죠. 어쨌든 남자 친구에게는 마음껏 화낼 수 없겠지만, 마음속 화를 억누르기보다는 남김없이 분출하는 편이 낫지 않을까요?

상대방을 비난하기 전에 당신이 먼저 변해야 한다

잘 생각해보세요. 남자 친구는 바람피운 상대를 진심으로 좋아한 게 아닙니다. 그는 단지 미끼를 얻을 수 있는 상태가 좋았던 겁니다. 만약 그 여자를 진심으로 좋아했다면 당신과 헤어지고 그녀를 택했을 겁니다. 그러니 남자 친구가 당신보다 그 여자를 더 좋아하는 게 아닐까 하고 걱정할 필요는 없습니다. 그가 좋아하는 사람은 바로 당신이니까요. 다만 당신한테서 더는 미끼를 얻을 수 없기 때문에 그 여자한테서 미끼를 얻고 싶은 욕구를 충족시켰던 겁니다. 당신의 남자 친구는 그렇게 그 나름대로 자신감을 지키고 있었던 겁니다.

그동안 남자 친구를 다정하게 대해주지 않았던 걸 조금 반성해보면 어떨까요? 그리고 시도 때도 없이 지난 일을 들춰내며 "왜 바람피웠어?" 하고 계속 비난한다면, 남자 친구는 당신과 함께 있을 때 불편하고 불안해서 견디기 어려울 겁니다. 어쩌면 편안하고 다정하게 대해주는 그 여자 곁으로 도망치고 싶어 할지도 모릅니다. 당신이 남자 친구를 자꾸 비난하는 건 그에게 "또 바람피워도 돼"라고 말하는 것이나 다름없습니다. 그래서 그는 이미 헤어진 여자를 다시 만나서 지금 몰래 바람을 피우는 중인지도 모릅니다.

당신이 계속 남자 친구에게 화내는 걸 보면, 혹시 전에 뭔가 다른 문제로 화를 내곤 하지 않았나요? 그래서 남자 친구는 당신과 함께 있으면 갑갑해하고 숨이 막히는지도 모릅니다. 그래서 당신과 계속 사귀고 싶지만, 그 여자한테 가서 '마음 편하게 에너지도 보충하고, 기분이 괜찮아지면 다시 돌아와야지!'라고 생각하고 있는지도 모르죠.

어찌 보면 그 여자는 당신의 남자 친구에게 이용당하고 있다고 말할 수 있습니다. 그녀는 생각 날 때마다 찾아오는 남자한테 에너지를 가득 채워주지만, 그는 에너지를 다 채우고 나면 뒤도 돌아보지 않고 당신한테로 다시 돌아올 테니 말입니다. 그 여자야말로 이 삼각관계에서 가장 불쌍한 사람이죠.

이제, 남자 친구를 꾸짖고 마음속에 분노를 쌓아두는 일은 그만둬야 합니다. 당신 자신을 변화시켜야 합니다. '내게도 잘못이 있어', '날 싫어해서 바람을 피운 게 아니야, 좋아하지만 그렇게 된 거야'라고 이해하고 화를 진정시켜야 합니다. 그리고 남자 친구에게 바람피우고 싶은 마음이 들게 하는 원인이 무엇인지를 잘 찾아보세요.

함께 있으면 편안한 상태, 연인에게 에너지를 줄 수 있는 상태를 당신이 스스로 만들어가야 합니다.

당신에게 매력이 없기 때문이 아니라
그와의 관계를 위해 변해야 한다

덧붙이자면, 남자 친구가 바람을 피웠다는 사실을 인정하는 자세 역시 필요합니다. 연인이 바람을 피웠다는 사실이 왜 그렇게 싫을까요? 남자 친구가 다른 여자에게 가버리는 게 두렵고 슬프다기보다는 그에게 배반당한 당신의 가치가 바닥으로 떨어졌다는 모욕감이 들기 때문입니다. 결국, '남자 친구에 대한 사랑'이라기보다는 '자기애(自己愛)'의 문제인 겁니다. 그래서 연인이 바람을 피우는 상황이나 온전한 사랑을 받지 못하는 상태를 인정하기가 어려운 거죠. '난 좀 더 사랑받아야 하는데, 남자 친구에게 배반이나 당할 사람이 아닌데!'라면서 당신이 그런 존재가 되었다는 사실이 혐오스럽고 화나는 겁니다.

그러나 애석하게도 남자에게 배반당할 만한 자신을 만든 사람역시 당신 자신이라는 사실을 부정할 수는 없습니다. 우선은 '지금의 나로서는 사랑받을 수 없다'는 이 끔찍한 사실을 인정해야 합니다. 많은 경우에 우리는 "나는 더 많이 사랑받을 자격이 있는데, 왜 날 사랑해주지 않는 거야. 용서할 수 없어!" 하고 화를 내고, 연인을 공격합니다. 그렇지만 일어나지 않을 만한 일은 일어나지 않고, 일어날 만한 일은 일어납니다. '남자 친구의 바람'은 일어날 만해서 일어났을 뿐입니다. 무엇보다 그런 일을 당한 사람이 당신 자신이란 사실을 인정하는게 더 중요합니다. 다행인 건, 비록 지금은 이 모양이지만 달라져야겠다고 생각하면 달라질 수 있다는 사실입니다. 그러면 남자 친구와의 문제도 자연스럽게 해결되겠죠. 그리고 비로소 연인을 의심할 필요도 없어지게 되겠죠.

당신이 남자 친구를 의심하는 이유는 자신이 변하지 않기 때문입니다. 당신의 마음이 솔직히 변하고 싶어 하지 않기 때문이죠. 그 이유는 지금 이대로도 충분히 매력적이라고 생각하는 겁니다. 변한다는 건 지금의 나로는 부족하고, 모자란 점이 있다는 사실을 인정하는 꼴이 되어서 그게 싫은 거죠. 하지만 당신이 이런 사실을 직면하기 싫어서 "지금 이대로도 얼마든지 사랑받을 수 있어!"라며 계속 착각 속에 살아간다면, 지금의 추한 모습을 유지하게 되고 결국 남자 친구와의 관계는 더욱 나빠지겠죠.

깊이 생각하고, 자신의 추한 부분을 거울에 비춰보세요. 이를테면 충격요법입니다.

모쪼록 그런 아픔을 통해 분노한 마음을 진정시키고, 남자 친구에게 다정한 사람이 되기를 바랍니다.

합장.

질투는 자신과 연인의 가치를 비교하는 게임이다

연인이 바람피우는 걸 좋아하는 사람은 없을 겁니다. 연인이 바람 피우면 '그와 바람을 피우는 여자'의 가치가 더 올라가고, 자신의 가치는 떨어진다고 느끼기 때문이죠. 그런 상태를 원하는 사람은 아무도 없습니다. 연애하는 동안에는 연인이 자신을 가장 사랑해주고, 가장 소중하게 대해주기를 바랍니다. 그래서 사랑하는 사람이 자기 말고 다른 사람이나 일 등에 열중하면, '그 사람에게는 세상에서 내가 최고'라는 환상이 깨져서 슬프고, 속상하고, 외로워지는 거죠.

질투의 대상에 반드시 사랑의 라이벌만 있는 건 아닙니다. 만약 연인이 취미나 공부, 아르바이트에 바빠 한 달에 한 번, 그것도 간신히 데이트를 하게 되면 누구라도 서운해하지 않을까요? 아마도 이런 반응을 보일 겁니다. "나를 제일 좋아한다면 아무리 바빠도 시간을 낼 수 있을 텐데, 나보다 취미나 공부가 더 좋은가 봐. 나는 뒷전으로 밀려난 거야. 흑흑……."

연인이 취미나 일과 '바람을 피워서' 나의 순위(=가치)가 내려간다고 생각하는 거죠. 취미나 일을 상대로 질투하는 겁니다. 바람피우는 상대가 일이나 물건인 경우에도 이런데, 하물며 상대가 다른 여자라면 더

늘 나만
뒷전이네.

욱 심각하겠죠. 따라서 연인을 질투심에 불타게 하거나 고통스럽게 하지 않으려면 다른 사람이나 취미, 일을 우선시하는 행동은 피해야 합니다. 사랑하는 사람을 위한 배려입니다.

하지만 공교롭게도 사람들은 연인의 질투를 내심 흐뭇해하기도 합니다. '나는 그만큼 가치가 있다'고 착각하기 때문이죠. "날 세상에서 가장 중요한 사람으로 생각하지 않을지도 몰라" 하고 불안해하는 사람은 자신의 가치를 끌어올리려고 고의적으로 연인의 질투를 유발합니다. '사랑받는 느낌'을 연출하고 싶어 할 수도 있습니다. 그래서 일부러 다른 남자들과 친해지고 싶어 하거나 실제로 바람을 피우는 경우도 있습니다. 여기에는 자신의 가치를 불안하게 하는 연인에게 복수하고 그걸 통해 그의 가치를 끌어내리려는 무의식적인 동기가 숨어 있습니다. 하지만 이런 식으로 서로의 가치를 끌어내리려고 할 때 두 사람은 사랑하기보다 바람피우기로 경쟁하고 있는 겁니다.

그러나 '질투는 이렇게 허무한 게임일 뿐이구나' 하는 생각이 들면, 그제야 질투는 멈추거나 잦아들게 될 겁니다.

3. 누구와 사귀어도 잘 되지 않아요

저는 비교적 쉽게 남자와 사귀는 편이에요.

그런데 감정이 금세 식어버려서 남자 친구의 결점만 보이고,

결국 짜증을 내거나 무시하게 됩니다. 그러다 다른 남자가

눈에 들어오면 그 사람이 새 남자 친구가 되고,

이전 남자 친구와는 헤어지게 되죠.

매번 같은 일이 반복되고 있어요.

어제 처음으로 남자 친구가 이런 말을 하며 이별을 통보했어요.

"너 같은 여자와 잘 지낼 남자는 없어. 모두 떨어져나갈걸."

지금은 젊으니까 괜찮다고 해도, 나중에 더 나이 들어서

아무한테도 정착하지 못하고 결혼도 못 하게 되는 건 아닌지,

몹시 불안해요.

(26세, 서비스업)

스스로 노력하기보다는 얼마나 사랑받을 수 있느냐로 자신의 가치를 가늠하는 초식녀

첫 번째 사연에서 언급한 '자존심 센 초식남'의 여성판이라고 할 수 있겠네요. 당신은 아무 노력도 하지 않고 수동적인 태도로 (질질 끌다가 남자 친구에게 상처 주고도) 상대방이 당신을 얼마나 사랑하는지를 확인하고 싶어 하는 초식녀군요. 당신은 '노력은 하지 않고 사랑만 받고 싶어' 하는 전형적인 경우입니다. 노력해서 사랑받는 건 당신의 자존심이 허락하지 않기 때문이겠죠.

듬직했던 예전 남자들은 이런 성가신 여자라도 예쁘기만 하면 오냐오냐하면서 다 받아줬을지 모르지만, 심장이 깨지기 쉬운 유리 같은 요즘 남자들은 그러지 않습니다. 여자가 무시하거나 싫어하는 기색을 보이면 당황한 나머지 "아, 이제 됐어!" 하고 도망쳐버립니다.

자신은 연인한테서 환상만을 보면서 연인은 자신을 '있는 그대로' 사랑해주기를 바라는 사람

연애를 하다 보면 사귀고 나서야 비로소 상대방의 결점이 보입니다. 내 사람이 되기 전에는 환상의 베일에 싸여 있어서 연인의 모습이 현실보다 훨씬 좋게 보이기 때문이죠.

실제로 30 정도의 장점이 있는 사람이 처음에는 300 정도가 있는 것처럼 보입니다. 그러나 사귀고 나면, 현실은 30이었다는 걸 금세 알게 됩니다. 환상이 사라진 거죠. (그러나 불륜 관계에서는 언제까지나 내 사람이 될 수 없으니 "멋진 남자야!"라는 환상이 계속되겠죠.)

처음에는 상대방이 대단하고 멋있다는 망상에 젖어 있다가 그 이미지가 순식간에 무너지면, "아냐! 그럴 리가 없어", "원래 이렇지 않았는데!" 하고 의심합니다. 망상이 크면 클수록 베일이 벗겨졌을 때의 실제 모습과 망상이 만들어낸 이미지 사이의 차이가 큽니다. 이럴 때 여자는 남자에게 "내 환상처럼 되어줘!"라고 요구합니다. 그리고 남자가 자신이 만들어낸 환상처럼 되지 않으면 그에게 '환멸'을 느낍니다. 헉! 기가 막힐 노릇이죠.

이런 상황이 벌어지는 이유는 바로 나르시시즘 때문입니다. 다시 말해 이런 여자는 남자를 좋아하는 게 아니라, 그를 통해 자기 마음속에서 만들어낸 이미지를 좋아합니다. 현실의 30을 좋아하는 게 아니라, 자신이 만들어낸 환상 속의 300을 좋아하는 겁니다. 그러니 상대방과 어느 정도 관계가 지속되면 "엥? 이게 아닌데?" 하고 놀랄 수밖에 없겠죠. 그리고 차라리 없는 편이 낫겠다고 생각할 만큼 상대방에게 실망합니다. 현실에서 상대방을 직시하고 나면 마음속의 이상형이 무너져버리니까요. 그럴 때 "당신 때문에 300이 무너졌잖아! 차라리 당신이 없어져버렸으면 좋겠어!" 하는 마음이 들겠죠.

물론 여자와 같은 환상을 품었던 남자도 현실과의 괴리로 괴로워합니다. "사랑한 건 분명히 너뿐, 있는 그대로의 너뿐이야"[2]라는 유

---

2) "愛したのはたしかに君だけ そのままの君だけ : 일본 팝 밴드 오프 코스(Off Course)가 1979년 발표한 「사

행가 가사도 있습니다만, 알고 보면 바로 이런 감정을 묘사한 잔인한 노래입니다. '있는 그대로의 너'가 과연 어떤 모습인지 잘 생각해보면, 바로 '처음 만났을 때 내가 보았던 300의 장점이 있는 그대'이기 때문입니다. 이 노래는 처음 만났을 때 '300의 환상'을 보고 '멋진 여자'라고 느꼈던 그 300이 좋았을 뿐, 나중에 알게 된 실제 그녀는 전혀 멋지지 않다는 걸 말하고 있습니다. 얼핏 로맨틱한 노래처럼 들리지만, 사실은 몹시 잔인한 노래인 셈입니다. 뭐, 사실이 그렇다고는 해도 노랫말은 아름다운 것 같습니다. 그런데 사실 그게 더 나쁘죠.

　　사람의 본성은 그리 크게 달라지지 않기 때문에 상대방은 당신이 처음 만났을 때와 전혀 다른 사람이 될 수는 없습니다. 그 사람의 외모나 태도를 보고 당신이 마음대로 품고 있던 멋진 이미지가 무너질 뿐이죠. 물론 남자 친구도 처음에는 당신에게 잘 보이려고 연기했을 가능성은 있습니다. 결국, 서로 환상만 보려고 하면서 연인에게는 "있는 그대로의 나를 사랑해줘"라고 요구하는 겁니다. 비약이 심하다고 할지도 모르겠지만, 대부분 사람이 그렇습니다. 상대방은 자신이 품고 있는 환상대로 남아 있기를 바라면서 상대방이 자신에 대해 환상을 품고 있다는 사실을 알게 되면 "난 그런 사람이 아니야!", "왜 있는 그대로의 나를 봐주지 않는 거야!"라며 분노하죠. 이런 사례에서도 다시 한 번 확인합니다만, 인간은 참으로 이기적인 동물입니다.

「요나라(さよなら)」의 가사 일부.

자존심 센 남자가 가장 바라는 것

"왜 날 이해해주지 않는 거야!", "당신은 진짜 내 모습을 몰라." 과거에는 주로 여자들이 이런 말을 했지만, 요즘은 이렇게 말하는 남자들이 많은 것 같습니다. 그들은 "나를 있는 그대로 사랑해줘", "아무 노력도 하지 않는 못된 나를 사랑해줘"라며 어리광을 부립니다.

첫 번째 사연에서도 말했듯이 자존심이 센 사람일수록 달라지기를 원치 않습니다. 별로 좋지 않은 모습이라도 있는 그대로 사랑받기를 원하죠. 구체적으로 말하자면 자존심 센 남자들이 가장 바라는 건 여자의 '정부'가 되는 겁니다. 이들은 "여자에게 길들여지기 싫어!"라고 말하는 사람들보다 어떤 의미에서는 자존심이 훨씬 강합니다. 그래서 자신이 '구질구질하고, 몹쓸 행동을 해도 계속 사랑받을 만큼 가치 있는 사람'이라고 철석같이 믿고 있죠. 이만큼 자존심을 충족할 수 있는 상황이 또 있을까요? 이런 상황은 오래전에 저 자신이 그런 남자였기에 잘 알고 있습니다.

이렇게 자존심이 센 남자도 처음에는 여자를 낚기 위해 미끼를 줍니다. 연기를 하는 겁니다. 하지만 고기를 낚은 순간, 그때까지 여자에게 잘 보이려고 했던 노력을 대번에 그만둡니다. 여자가 있는 그대로의 자신을 받아들이도록 하기 위해서죠. 남자의 태도 변화가 엄청나게 빨라 여자는 깜짝 놀랄 수밖에 없습니다.

하지만 남자의 이런 행동은 의식적인 게 아닙니다. 잠재의식에 조종당한 반응입니다. 그래서 본인도 자각하지 못합니다.

자신이 하찮은 인간이라는 사실을 직면해야 한다

처음에는 다정했지만 사귀면서 마음이 식고 상대의 싫은 면만 보인다면, 처음에 다정하게 굴었던 건 본성에서 나온 행동이 아닙니다. 이런 경우 본성은 오히려 마음이 금세 식어버리는 쪽이죠.

이번 사연을 보내신 분은 상대방을 무시하는 본성이 있는 것 같습니다. 하지만 자신은 자각하지 못하죠. 남자 친구를 처음 만났을 때 보여준 다정한 모습이 자신의 본모습이고, 남자 친구의 싫은 점만을 보는 건 자신의 예외적인 모습이라고 생각하고 있습니다. 그래서 상냥했던 자신이 까칠하게 된 게 남자 친구 때문이라며 그를 탓하는 겁니다.

사연을 읽어보면 남자 친구가 매우 난처해하는 것 같군요. 두 사람이 사귀기 전에는 당신이 예뻐 보였거나, 성격이 좋아 보였던 모양입니다. 여자가 성격이 좋으면 외모가 그다지 출중하지 않아도 사랑을 느끼는 남자가 많습니다. 그렇다면 지금까지는 남자를 잘 보듬어주다가 갑자기 냉정해졌다는 건데, 어쩌면 이 사연은 변명일 뿐이고 당신이 진실을 깨닫지 못하고 있는 건 아닐까요?

앞서 환상이나 망상에 빠지기 쉬운 사람 이야기를 했는데, 그런 습관에 젖은 사람일수록 현실을 인식하지 못합니다. 상대방이 불만을 말해도 듣지 않거나, 그 모든 걸 자신의 입장에서 해석하곤 합니다.

자, 우선 자신을 직시하세요. 그리고 자신이 정말 하찮은 인간이라는 사실을 인식해야 합니다. 싫증 나면 쉽게 다른 남자를 찾는다고 했는데, 그건 상대방의 싫은 점이 드러났기 때문이 아닙니다. 그 사람과 사귀는 동안 드러난 자신의 싫은 점이 눈에 띄었기 때문입니다.

'사실은 하찮은 인간인 나'와 직면하고 싶지 않아서, 그렇게 되기 전에 다른 연애로 옮겨 가는 겁니다. 그렇게 가슴 설레는 짧은 기간만큼은 착한 자신이 되는 기쁨을 맛보려고 몇 번이고 헤어짐과 만남을 반복하는 거죠. 그러다 보면 현실의 자신을 직시하는 상황을 점점 더 기피하게 됩니다.

30을 300으로 착각하고 있는 사람은 남자 친구가 아니라 바로 당신 자신입니다. 자신이 만들어낸 아름다운 환상을 보고 있는 거죠. 안타깝지만, 지금의 고민은 뿌린 대로 거둔 결과라고 할 수 있겠네요.

고민할 여유가 있다면, 자신의 싫은 점과 직면하세요. 연인의 좋은 점을 찾아보려는 훌륭한 일은 접어도 됩니다. 그건 누구에게나 어려운 일이니까요. 그보다는 당신 자신의 싫은 점부터 인정하세요. 그렇게 해서 자신에 대한 인식을 바꾸려고 노력해보세요.

합장.

특강 2. 사랑의 힘 겨루기

더 사랑하면 지는 거다?

우리는 모두 얼마간 나르시시즘이 있어서 '세상에서 자신이 최고' 라고 믿으며 자신을 사랑합니다. 그래서 연인을 사랑하는 게 아니라 사실 은 '연인에게 사랑받고 소중하게 여겨지는 자신'을 사랑하게 됩니다.

그렇다면 어떻게 해야 좀 더 '소중하게 여겨지는 느낌'이나 '사랑 받는 느낌'을 얻을 수 있을까요? 한번 골라보세요.

① 내가 상대방을 많이 원하고, 상대방은 나를 조금 원할 때
② 나도 상대방도 서로 많이 원할 때
③ 내가 상대방을 조금 원하고, 상대방이 나를 많이 원할 때

모범생처럼 ②를 선택한 당신은 아마도 자신의 심층 심리를 잘 이 해하지 못한 것 같습니다. 저는 많은 사람이 무의식적으로 ③을 선택한 다는 걸 확인했습니다. 누구에게나 있는 심리적인 두려움 때문에 그러는 거죠. 예를 들어 "전화도 만날 약속도 언제나 내가 먼저 해야 해"라며 불 만을 느끼는 상태가 ①이라면, ①을 택한 사람의 연인은 ③의 상태에 있 겠죠. 이런 상태에 놓이면 '나는 조금 원할 뿐인데, 이 사람은 나를 많이

원하는구나 → 내가 최고야!'라는 논리로 강한 쾌감이 생깁니다.

　　남자는 자신이 연락하지 않아도 여자가 먼저 연락하는 상태가 되면 '추종받는' 기쁨을 계속 유지하고 싶어 합니다. 그래서 여자를 가볍게 대하는 태도를 보이죠. 그러면 여자는 사랑의 힘겨루기에서 졌다는 느낌 때문에 서글퍼지겠죠. 네, 바로 이렇게 '연인을 좋아하는' 상태라기보다는 '연인과 경쟁하는' 상태가 되는 겁니다.

　　사람들은 왜 이런 사랑의 힘겨루기를 하는 걸까요? 저는 누구나 직감적으로 그 답을 알고 있으리라고 생각합니다.

　　외로운 사람일수록 그 외로움을 떨쳐버리려고 사랑할 상대를 찾겠지만, 전처럼 그를 원하지 않게 되면 '이 사람은 이제 내 손아귀에 있다'는 느낌이 들기 쉽습니다. 사람의 욕망은 아직 손에 잡히지 않은 뭔가를 좇게 마련이어서 이미 손에 넣은 연인을 적극적으로 원하지 않게 됩니다. 게다가 이렇게 '쫓고 쫓기는' 힘겨루기가 자리 잡으면 쫓기는 쾌감까지 더해져서, 거기에 머무르고 싶어지는 거죠.

　　'쫓고 쫓기는' 힘겨루기에 대한 대책은 크게 두 가지가 있습니다. 하나는 상대방을 좋아해서 함께 있는 것만으로도 행복하다고 여기는 겁니다. 사랑받고 싶어 하고, 연인이 자신을 추종하기를 바라는 어리광을 그만두는 겁니다.

　그리고 다른 하나는 혼자 있어도 외롭지 않게 독신 생활을 즐길 정도로 강해지는 겁니다. 이건 이런저런 잔재주로 괜히 연인을 초조하게 하려는 게 아닙니다. 연인이 나를 원하는 것보다 내가 연인을 더 간절하게 원하던 마음이 누그러지면, 사랑을 두고 벌이던 힘겨루기의 불균형도 자연스럽게 개선될 겁니다.

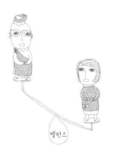

4. 애매한 관계를 끝낼 수가 없어요

저는 유부남을 만나고 있습니다. 그 사람한테는 저 같은 애인이
몇 명 더 있다고 하네요. 그는 제게 이렇게 말합니다.
"나는 당신만을 사랑한다고 말한 적 없어. 내가 여러 여자를
사랑하는 건 자연스러운 거야. 사랑을 독점하려고만 하고,
사랑하는 사람의 행복을 제한하는 건 진정한 사랑이 아니야."
그이는 참 다정합니다. 저랑 단둘이 있을 때에는 더없이
달콤한 사람이에요.
하지만 "우리 사귀는 건가?" 하고 물으면,
"사귄다는 게 뭔데?" 하며 얼버무리곤 합니다.
이 사람과 관계를 이대로 계속 유지해도 될까요?

(33세, 회사원)

연애할 때 철학적이고 고상한 이야기를 늘어놓는 남자를 절대 믿지 마라

"상대방을 독점하는 건 진정한 사랑이 아니다."

이 말은 나쁜 남자들이 쓰는 상투적인 표현입니다. 얼핏 들으면 무척 철학적이고 고상한 이야기를 하는 것 같지만, 사실은 전혀 그렇지 않습니다. 현란한 말솜씨로 헷갈리게 해서 당신이 수준 낮은 사람이라도 되는 듯한 착각에 빠지게 하려는 속셈입니다. 잘 생각해보세요. 그저 궤변일 뿐입니다.

연애할 때 남자들의 이런 멘트에 말문이 막히는 여자가 적지 않습니다. 그런 남자들이 내세우는 이론을 곧바로 반박하기가 쉽지 않기 때문입니다. "진정으로 사랑한다면 상대방의 행복을 제한해선 안 돼"라는 말을 들으면, 여자들은 얼떨결에 "아, 그래, 맞아. 나도 그래야지" 하고 인정하게 됩니다. 정말 나쁜 남자죠.

"진심으로 나의 행복을 바란다면, 내가 원하는 대로 해줘. 그게 사랑이야." 이 말은 제법 그럴듯하게 들립니다. 하지만 이런 사람은 자신이 원하는 걸 요구해서 연인을 속박하죠. 그저 되는대로 지껄이는 겁니다. 그뿐입니다. 이런 논리를 강요하면서 자신의 행복을 빌어줘야 한다는 설교 자체가 단순히 자신의 행위에 대한 변명에 지나지 않습니다. 이런 말은 오히려 연인의 행복을 해칠 뿐입니다. 자기를 사랑한다면 행복하게 해달라면서 정작 자신은 상대방의 행복을 해치고 있으니, 그의 고상한 언변은 결국 앞뒤가 맞지 않는 궤변일 뿐이죠.

이런 상황에서 여자가 "그의 행복을 빌어주고, 그가 원하는 대로 해줄 거야"라고 생각한다고요? 그 여자는 그럼 남자가 무슨 짓을 해도 다 받아주는 성모 마리아라도 된다는 건가요? 허 참, 여자도 남자와 똑같은 인간인데, 그러기는 쉽지 않을 겁니다. 이런 비겁한 남자들의 개똥철학에 넘어가 이용당하는 여자가 있다면, 아마도 너무 순진해서 세상 물정을 모르는 모태 순수녀이거나, 동화의 세계에서 사는 잠자는 숲속의 공주일 겁니다.

자기희생적인 '진실한 사랑'은 현실에 없다

애초에 인간이라는 이기적 동물은 오로지 한 사람만을 바라보고 살 수 없습니다. 물론 한동안은 "내가 연인에게 이토록 잘해주다니, 역시 나는 대단해!"라며 숭고한 자기희생의 환상에 도취되어 그럴 수도 있겠죠. 하지만 결국 그런 감정이 쌓이고 쌓여 언젠가는 "내가 그렇게 잘해줬는데, 왜 이렇게 날 하찮게 취급하는 거야!"라며 불만을 터뜨리게 됩니다.

이번에는 좀 다르게 이야기해보죠. 순정 만화의 전형적인 줄거리로 운동선수인 남자 주인공과 가난한 여자 주인공의 사랑 이야기가 있습니다. 둘은 서로 열렬히 사랑합니다. 그런데 어느 날 재벌 회장의 딸이 남자를 좋아하게 됩니다. 물론 그녀에게는 남자를 성공으로 이끌어줄 수 있는 재력과 권력이 있죠. 이런 사실을 알게 된 여자는 "그 사람을 진정으로 사랑하는 내가 물러나야지"라는, 정말 말도 안 되는 생각을 합니다.

이거야말로 '진실한 사랑'이라고 생각하나요? 사랑하니까 물러난다? 아닙니다. 겉만 번드르르한 이 말은 우리 인간의 실제 감정에서는 나올 수가 없습니다. 아무리 노력해도 애초에 안 되는 일입니다. 마음만 혼란스러워지죠. 결국, 이상적인 생각과 실제의 감정 사이에서 오가는 갈등 때문에 고통스러워지는 겁니다.

우리는 더 나은 사람이 되려고 위인들의 명언을 읽거나 주변에 조언을 구합니다. 들으면서 다 이해한 척하지만, 그렇다고 해서 정말 마음속 깊이 진심으로 와 닿는 건 아닙니다. 다시 한 번 말하지만, 그런 건 현실에서 존재하지 않기에 영화, 만화, 소설이 있는 겁니다.

헌신적인 여자는 나쁜 남자를 좋아한다

실제로 한정된 기간에 헌신적인 여자가 되는 경우가 있습니다. 여자는 자신의 가치를 끌어올리려고 헌신적으로 행동합니다. 요리나 빨래를 못하는 건 물론이고, 곁에서 돌봐주는 여자가 없으면 제대로 살지 못하는 남자면 더욱 좋습니다. 극단적인 경우, 나이를 먹을 만큼 먹고도 백수 신세를 벗어나지 못하는 남자한테 "걱정하지 마. 돈은 내가 벌어 올 테니까!"라고 말하는 여자도 있죠. 정말로 그 남자가 좋아서라기보다는 '자기가 없어서는 안 되는 상황'에 있는 게 좋은 겁니다. 남자가 자기보다 능력 있고, 잘 처신하고, 요리도 빨래도 잘하면, 자신의 존재 의미가 없어진다고 생각하는 거죠. 그래서 연인이 나쁜 남자일수록 좋은 겁니다.

나쁜 남자는 나쁜 자신을 정당화하기 위해 숭고한 철학을 들먹인다

지저분하고, 냄새나고, 추한 외모에 모든 면에서 최악인 남자라면, 그를 위해 헌신할 마음이 들지는 않겠죠. 그럭저럭 깔끔한 외모에 수시로 달콤한 말을 건네지만, 그 밖의 모든 건 최악인 남자여야 합니다. 그래야 여자의 나르시시즘이 채워집니다. 이른바 '다멘즈 워커'[3] 입니다.

이런 남자들은 꼭 철학을 들먹입니다. 나쁜 자신을 정당화하려고 그러는 거죠. 제멋대로 바람을 피우고, 상대방이 상처받는다는 걸 뻔히 알면서도, 자신이 누군가에게 상처 주는 잔인한 인간이라고는 절대 믿고 싶어 하지 않기에 스스로 정당화할 구실을 만들어냅니다. '자연스러운 성욕을 억압해서 남녀 관계를 일대일로 제한하는 것이야말로 부자연스럽다', '과거 사회의 혼인 체제는 일부다처제였다'

---

3) 「だめんず うぉ一か一」: '나쁜 남자들만 만나게 되는 여자들'이라는 뜻. 2006년 아사히 TV에서 방영된 드라마로 '다메(나쁜)' 멘즈(남자)만을 좋아하게 되는 여자들을 그렸다. 마마보이, 바람둥이, 나르시시스트 등 나쁜 남자들이 등장하는 이 작품은 2000년 잡지 『SPA!』에 연재되어 인기를 끌었던 구라타 마유미(倉田由美)의 동명 만화가 원작이며, 또한 당시에 발행되던 잡지 『멘즈 워커(Men's Walker)』를 패러디한 것이기도 하다.

라는 식의 그럴듯하고 엇비슷한 억지 주장을 들먹입니다. 그리고 문란하게 욕망을 채우는 자신의 행동이 정당하다고 여자를 설득하는 거죠. 정상적인 방법으로는 설득하기 어려우니까 이렇게 자기암시까지 해가면서 궤변을 늘어놓는 겁니다.

이런 경우도 있습니다. 성매매 업소를 찾은 남자가 직업여성에게 설교를 늘어놓는 겁니다. 남자가 그러는 데에는 다 이유가 있죠. 자기 행동이 떳떳지 못하다는 걸 알기에 오히려 상대방에게 설교를 하는 겁니다. '나는 잘못되지 않았다'는 환상을 만들어내는 거죠. 그러니까 대의명분을 앞세우는 사람일수록 잠재의식에는 죄책감이 숨어 있다고 볼 수 있습니다.

그 사람을 좋아하는 것이 아니라
손에 넣지 못한 것을 좋아하는 것뿐

한 가지 더 이야기해보겠습니다.

사랑에 빠졌는데 상대방이 기혼자였다는 사실을 나중에 알게 되는 경우도 더러 있습니다만, 남자가 유부남이라는 사실을 빤히 알면서도 사랑에 빠지는 여자들을 종종 볼 수 있습니다. 여자는 아마 그전에도 불륜 관계를 지속한 적이 있을 겁니다. 이런 경우, 여자는 상대방을 진정으로 좋아하는 게 아닙니다. 단지 남의 것이어서 좋고, 손에 넣지 못한 것이어서 좋을 뿐입니다.

여자가 남자에게 아내와 헤어지라고 집요하게 졸라대서 결국 남자가 아내와 헤어지기로 작정하고 여자에게 결혼하자고 한다면, 이 여자는 어떻게 반응할까요? 아마, 불륜녀의 마음은 순식간에 식어버리고 말 겁니다. 손에 넣지 못한 상대, 잡을 수 없는 물고기한테 기꺼이 미끼를 던져주는 이상한 기호가 있는 여자는 정작 원하던 걸 손에 넣으면 곧바로 열정이 식어버릴 테니까요.

사실 여기에는 그럴 만한 이유가 있습니다. 누군가를 좋아하게 됐는데 그가 좀처럼 내 사람이 되지 않으면 "아아, 그가 나와 함께 있어줬으면!" 하고 가슴 설레며 늘 긴장한 상태가 됩니다. 하지만 정작 내 사람이 되면, 설렘은 차츰 사라져서 함께 있어도 전혀 긴장감이 들지 않습니다. 이런 경험이 계속 쌓이면 '손에 넣으면 싫증 난다'는 걸 학습하게 되죠.

자, 싫증 나지 않게 하려면 어떻게 해야 좋을까요? 간단합니다. 영원히, 절대로 손에 잡히지 않을 상대를 좋아하면 됩니다. 그렇게 하면 늘 가슴 졸이며 지내겠죠. 그리고 그런 상황은 뇌를 자극합니다. 그것도 아주 많이. 가슴이 두근거리거나 뇌가 자극받으면 당연히 우리 몸은 고통을 느낍니다. 심장이 벌렁거리고 혈압이 올라가면 횡격막이 경련을 일으키고, 뇌 속에 불쾌 물질이 분비됩니다. 하지만 우리 뇌는 그 고통을 기쁨으로 착각합니다. 그런 이유로 우리는 가질 수 없는 걸 원할 때 느끼는 고통을 즐기는 패턴에 빠지게 됩니다.

첫사랑의 설렘도 고통스러운 상태에서 쾌감을 느끼는 경우입니다. 첫사랑은 영원하지 않기에 그렇죠. 하지만 불륜 관계는 지속할 수 있습니다. 언제나 두근거리죠.

당신의 경우에는 상대방이 이 점을 제대로 이용하고 있는 것 같습니다. 혹시 다른 사람 것을 탐낸다거나, 진입하기 쉽지 않은 직업을 갖고 싶다거나, 원하는 걸 손에 넣으면 곧바로 싫증을 낸다거나, 시작한 일에 금세 질리는 편인가요? 그렇다면 '고통을 즐기는' 상태에 익숙해진 건 아닌지 의심해봐야 합니다. 모두 손에 잡히지 않는 상대를 원하는 것과 비슷한 상황이죠.

마지막으로 사족 같지만 한마디만 덧붙이겠습니다.

'애석하게도' 당신이 만나는 남자가 진정으로 사랑하는 사람은 당신이 아니라 자기 아내입니다. 비록 아내 때문에 질식할 것 같다고 하고, 이런저런 문제로 지친 남자가 새로운 에너지를 얻기 위해 당신을 찾아오지만, 남자는 결국 아내와 아이 곁으로 돌아갈 겁니다. 두 번째 사연과는 정반대 경우네요.

이루어진 사랑은 싫증 나기 쉽지만, 불륜은 이룰 수 없는 사랑이기에 영원할 것만 같죠. 하지만 그렇다고 불륜을 진실한 사랑으로 착각한다면, 평생 불행할 겁니다. 그리고 어느새 그렇게 살아가는 데 익숙해지겠죠.

두근거리는 설렘보다 그저 평범한 행복에 만족하세요.

삶의 방식을 바꾸면 가능합니다.

합장.

5. 헤어진 남자 친구가 자꾸 생각나요

언젠가는 결혼하겠다고 마음먹었던 남자 친구가 있었습니다.
어느 날 다른 여자와 바람을 피우더니 그걸로는 모자랐는지
속도위반을 하고 결국 결혼해야 한다고 말하더군요.
당장 헤어졌지만, 화를 참을 수 없었어요.
그리고 한동안 몹시 힘들었습니다.
그런데 지금도 그 남자를 잊을 수가 없어요.
돌이켜보면 그 남자는 저를 그리 좋아했던 것 같지 않지만,
저는 지금까지 사귄 여러 사람 중에서
그 남자를 가장 좋아했던 것 같아요.
그래서인지 단념하기는커녕 그 사람 생각이
점점 더 커져만 가요.
머리로는 최악의 남자라고 생각하지만,
마음은 당장이라도 만나고 싶어요.
헤어진 그날부터 내내 마음이 답답하고, 늘 우울합니다.
이 고통에서 벗어나려면 어떻게 해야 할까요?

(32세, 회사원)

손에 넣지 못한 것을 잊기는 누구에게나 어려운 일이다

정말 어려운 문제입니다. 사랑하는 사람과 헤어질 때 저도 몹시 고통스러웠으니까요. 그것참!

헤어진 남자 친구가 당신을 그다지 좋아하지 않았다고 했는데, 바로 앞의 사례와 비슷하면서도 다르군요. '손에 넣기 어려운 것'을 원해서 고통스러운 상태에 놓이면 뇌가 기분 좋다고 착각하는 경우의 다른 버전 같습니다. 왜냐면 우리는 자신을 그다지 좋아하지 않는 사람을 좋아하면서 그가 자기 사람이 되기는 어려우리라고 생각합니다. 함께 있어도 손에 닿지 않는 존재니 그 사람의 가치를 더욱 대단하다고 인식하기 때문입니다.

'높은 봉우리의 꽃'[4]은 일반적으로 여자를 비유하는 말이지만, 그 대상이 남자라고 해도 상대방의 심리적 현상은 똑같습니다. 좋아하는 사람이 높은 산봉우리에 핀 아름다운 꽃처럼 느껴지면 어느덧 동경하게 되고, 급기야는 갖고 싶어지는 거죠.

그러나 직접 산에 올라가서 꽃을 꺾어 보면, 실제로는 그토록 아름답지 않을 가능성이 크죠. 흔히 "놓친 물고기가 크다"고 합니다. 이 말은 진리의 한 부분을 꿰뚫고 있습니다. 손에 넣지 못했기에 실제보다 훨씬 멋지게 보인다는 겁니다.

헤어진 남자를 잊기 위해서 그의 단점들을 생각해보면 어떨까 싶겠지만, 그런 노력은 효과가 별로 없답니다. 망상으로 부풀려진 '이

---

4) 高嶺の花: 바라볼 수만 있을 뿐, 손에 넣을 수 없는 것을 말하는 일본 속담.

상적인 남자'를 도저히 마음에서 지울 수 없기 때문이죠. 만약 당신이 남자 친구를 잘 알게 되어 그의 실제 모습을 좋아하다가 헤어졌다면, 남자 친구의 싫은 점들을 하나하나 생각해내서 객관적인 시선으로 바라볼 수 있을지도 모르겠네요., 하지만 만나는 동안 '그이는 정말 좋은 사람'이라며 환상에 젖어 있었다면 애초에 그런 것들이 생각날 리 없겠죠.

그럴 때에는 남자 친구를 생각나게 하는 정보를 차단해야 합니다. 거기에 노출되는 계기를 줄이세요. 두 사람이 함께 갔던 장소, 함께 들었던 음악, 남자 친구에게 받은 선물 등 조금이라도 그를 떠올리게 하는 것들은 환상으로 부풀려진 남자 친구를 재생하는 기제가 되어 당신의 머릿속에서 즉시 작동할 겁니다.

그런 의미에서 남자 친구에 관한 추억은 남김없이 지워버리는 게 좋겠습니다. 편지도 아예 없애버리는 편이 안전하겠죠.

전 남자 친구 때문에 도파민이 분비되지 않도록 하라

왜냐면 여기에는 쾌감을 뇌에 전달하는 도파민[5]이 작용하기 때문입니다.

뭔가를 손에 넣고 싶다가 실제로 그걸 갖게 되면 뇌에서 도파

---

5) dopamine: 신경전달물질의 하나로 노르에피네프린과 에피네프린 합성체의 전구물질(前驅物質)이다. 동식물에 존재하는 아미노산의 하나이며 뇌신경세포의 흥분 전달 역할을 한다.

민이 분비되고 신경세포 수용체를 작동시켜 쾌감이 생깁니다. 하지만 원하던 걸 갖게 된 다음에는 수용체가 도파민에 익숙해집니다. 같은 양이 분비돼도 쾌감의 강도는 점점 낮아지죠. 더는 쾌감이 생기지 않는 겁니다. 그런데 도파민이 부족하면 짜증이 납니다. 그래서 불처럼 뜨겁던 사랑에 점점 익숙해지고, 끝내 싫증을 내게 되는 거죠.

다만 원하던 남자를 손에 넣기 전에는 그에게 익숙해지는 상황이 벌어지지 않죠. 도파민은 뭔가를 '갖고 싶을' 때 분비됩니다. 늘 '갖고 싶어 하는 상태'에 머물러 있을 때는 똑같은 도파민도 불쾌감을 느끼는 쪽으로 작용합니다. 도파민으로 전전두엽이 자극받아 불쾌감을 고통스러운 것으로 인식하게 되는 거죠. 그래서 당신이 전 남자 친구를 조금이라도 생각나게 하는 정보에 노출되면, 즉시 전전두엽이 자극받아 고통스러워지는 겁니다. 이것이 도파민이 분비되는 기제가 작동하는 원리입니다. 따라서 그를 잊으려면 이런 회로에 스위치가 켜지지 않은 상태를 계속 유지해야 합니다.

연애를 오래 지속하는 비결

사실 도파민은 이번 사연에서처럼 헤어진 남자를 잊지 못하게 할 뿐 아니라, 연애가 잘 풀리지 않을 때 머릿속에서 남자를 반복해서 떠올리면 마치 달콤한 연애를 하고 있는 것처럼 착각하게 합니다. 이게 이른바 '뇌내 연애'라는 상태인데, 점점 더 새로운 자극을 갈망하게 되고 "조금 더, 조금 더!" 하고 애원하게 됩니다. 도파민이 분비되면 처음에는 기분이 좋지만, 이내 익숙해지면서 같은 양으로는 부족해지기 때문이죠. 그리고 점점 불쾌해집니다. 신경 반응의 단계로 말하자면 이때의 불쾌감은 '고통스러운' 느낌인데, 이런 경우에는 왠지 모르게 외로워지거나 불안해지는 상태가 반드시 따라옵니다.

결국, 상대방이 자신에게 어떻게 해주기를 바라거나, 뭔가를 갖고 싶어 하거나, 뭔가를 하고 싶다는 목표를 설정해놓고 연애하면, 거기에 도달했을 때에는 기분이 좋지만 그때부터 서서히 행복감을 상실하게 됩니다. 안타깝게도 모든 연애는 이렇게 진행됩니다.

자기 나름의 생각이 실현되고 있을 때에는 도파민이 나와서 무척 행복하지만, 그 쾌감 물질의 **효력이 다한 후**에는 반드시 불안감과 공허감이 찾아옵니다. 따라서 즐거운 데이트를 끝내고 집에 돌아와서 자꾸 돌이켜보는 건 스스로 불행을 자초하는 짓입니다. 지금 이 순간, 이 장소에서 모든 걸 온전히 즐기고는 깨끗이 잊어버리는 게 좋은 사랑을 오래 지속시키는 비결입니다.

당신이 헤어진 남자 친구를 잊을 수 없다고 생각하는 건 자신을 괴롭히는 일입니다. 당신의 마음이 그를 떠올리게 하는 사물에 가 닿을 때마다 도파민 회로가 활성화하고 '아직 손에 넣지 못했으니 어서 갖고 싶다'는 욕구가 다시 작동하니까요. 당분간 그런 일이 생기지 않도록 주의하면 도파민이 분비될 수 있는 다른 계기들이 늘어날 겁니다. 그 계기들이란 일이나 취미, 운동, 여행, 맛있는 식사와 친구들, 혹은 다른 남자가 될 수도 있겠죠.

그렇게 되면 당신의 뇌가 '그 남자 생각을 해서 도파민이 많이 나오는 줄 알았는데, 이제 보니 다른 걸로도 도파민이 나오는군' 하고 자각하게 되어 그를 서서히 잊게 될 겁니다.

다만 이 과정에서 이만하면 괜찮겠다고 판단하여 또다시 전 남자 친구를 떠올리는 상황에 노출되면 '아직도 그를 손에 넣지 못했다'는 상황에 뇌가 자극받아 도파민 회로가 다시 활성화하니 조심해야 합니다.

이건 일종의 중독과도 같습니다. 마약중독자처럼 족쇄를 채워 마약으로부터 격리하는 수준으로 행동하지 않으면 극복하기 어려울 수도 있습니다. 그럴 때에는 일상을 벗어나 한동안 멀리 여행을 떠나보세요. 어쩌면 '실연 여행'이 그 나름대로 효과가 있을 겁니다.

합장.

특강 3. 욕심과 애정

갖지 못하니까 더 좋아져

아는 사람 중에 연인과 만나기로 약속할 때에는 열성을 보이다가 막상 약속이 정해지면 안심이 되는지 갑자기 취소해버리는 여자가 있습니다. 그녀는 그 이유를 이렇게 설명합니다.

"만나자는 문자 메시지를 보냈는데, 남자 친구가 '그래, 이번 주말에 만나자' 하고 답장을 보내면 그걸로 만족감이 들어요. 그래서 왠지 이제는 만나지 않아도 될 것 같아요."

여러분은 이런 경험 해보신 적 없나요?

상대방을 만나고 싶어서 안달이 났을 때 그 이면에는 결핍감도 있겠지만, 혹시 만날 수 없을지도 모른다는 불안감이 깔려 있습니다. 다시 말해 이건 내가 불안해하는 만큼 상대방을 만나고 싶어 한다는 의미입니다. 그러나 일단 상대방과의 약속이 정해지면, 원하는 게 거의 손에 들어온 듯한 느낌이 들어 만남을 별로 원하지 않게 됩니다. 같은 과일이라도 많이 수확하면 쉽게 구할 수 있어서 값이 떨어지고, 적게 수확하면 구하기 어려운 만큼 값이 올라가는 것과 마찬가지죠.

'갖기 쉬운 것 = 싸다' '갖기 어려운 것 = 비싸다'는 공식은 우리 마음에 숨어 있는 큰 함정입니다. 사람들은 연인과 사귀기 전에는 상대방을 '갖지 못해서' 무척 '갖고 싶어' 하지만, 사귀고, 함께 자고, '아, 이 사람은 이제 내 것이구나!' 하는 시점이 되면 갑자기 상대방이 흔하고 귀하지 않게 느껴져 싫증 나기 때문입니다.

이런 함정을 피해 가기 위해 곧잘 잔꾀를 부리는 사람들이 있습니다. 상대방이 자신을 손에 넣었다고 생각하지 못하게 일부러 모호한 태도를 보이거나, 일부러 만나지 않거나, 일부러 잠자리를 거부하는 거죠.

이렇게 해서 '손에 넣고 싶어' 하는 상대의 욕망을 부추기는 데 성공하면 다시 다정하게 대해준다든지, 선물을 준다든지 하면서 **자신의 가치를 올려서 비싸게 팔리게** 하는 겁니다.

하지만 이 작전은 '아직 갖지 못했으니 갖고 싶다'는 상대의 욕망에 불을 붙여 몸을 파는 행위(정신적 매춘!)일 뿐이고, 결코 자신의 본성이나 있는 그대로의 모습이 사랑받는 건 아니기에 허무하고 비참한 잔재주로 끝나고 맙니다.

결국, '손에 넣지 못한 만큼 원하게 된다'는 욕망의 시스템 자체에 문제가 있습니다. 왜냐면 일단 욕망에 사로잡히면 우리는 '뜻대로 되지 않아 괴로워서 원하게 되는 상대'나, '뜻한 대로 손에 넣었기에 싫증 난 상대' 중 한쪽을 사귀게 되는데, 어느 쪽을 택하든 불행하기는 마찬가지이기 때문입니다.

원하던 걸 손에 넣게 되어 욕심이 사라진 후에도 욕심 없이 전과 다름없이 상대를 소중하게 여기느냐가 하나의 시금석이 되겠죠. 또한 자신 역시 '욕심 없이 사랑받고 있는지 아닌지'를 알 수 없어 불안하기 때문에 상대를 시험해보고 싶은 때도 있을 겁니다. 그러나 바로 그게 욕심입니다. 그 욕심이 상대의 마음을 피곤하게 합니다.

그런 욕심을 버리세요. 그것이야말로 두 사람의 관계를 오랫동안 지속시키는 비결이 될 겁니다.

이런!

6. 남자 친구의 마음을 돌리고 싶어요

최근에 남자 친구와 싸우고 연락을 끊었어요.

전에는 남자 친구가 항상 먼저 사과했는데,

요즘에는 남자 친구도 귀찮아할 때가 많아요.

싸우게 된 원인을 해결하기는커녕 흐지부지 넘어가 버립니다.

물론 싸울 때마다 사이도 조금씩 멀어집니다.

화해하고 꼭 안아주던 남자 친구가 최근에는 겉으로만

그런 척하는 것 같아요. 싸우고 싶지 않지만,

남자 친구가 무심코 내뱉는 말이나 행동 때문에 어쩔 수가 없어요.

제가 싫어하는 걸 남자 친구가 알아주면 좋겠는데,

전혀 모르는 것 같고, 제가 말을 꺼내면 싸움으로 번지고 말아요.

이제는 화를 내봐도 허무하기만 하네요.

어떻게 하면 남자 친구의 감정을 예전처럼 되돌릴 수 있을까요?

(30세, 공무원)

연애를 승부로 여기기 시작하면, 돌이킬 수 없다

'싸우고 싶지 않다'는 건 착각입니다. 마음속으로는 싸우고 싶어 하는 겁니다. 왜냐면 당신이 자기 입으로 말했듯이,

① 싸운다.

↓

② 화해한다.

↓

③ 꼭 안아주며 서로 사랑을 확인한다.

이런 패턴을 원하기 때문이죠. '일단 싸워서 일부러 불안정한 상태를 만든다, 화해를 통해 안정감을 되찾고 카타르시스를 얻는다, 그리고 기쁜 마음으로 사랑을 확인하고 안심한다, 해피 엔딩!' 이럴 때 얻는 쾌감의 기억이 마음속에 새겨져서 이를 반복하려는 욕망의 지배를 받고 있는 겁니다. 우선 그 중독 증상부터 자각해야 합니다.

'내가 무엇을 싫어하는지 남자 친구가 알아주기를 바라는 욕구'는 충분히 이해할 수 있습니다. 태도나 말투도 마음에 들지 않고, 왠지 당신을 허술하게 대하는 것 같다고 느끼면 당연히 섭섭하겠죠. 게다가 당신이 남자 친구에게 지고 있는 것만 같아서 불쾌하기까지 합니다. 자신이 불쾌하다는 사실을 남자 친구가 알게 하고, 스스로 반성하고 태도를 고치게 해서 상황을 역전시키고 싶어집니다. 그러니까

한마디로 말해서 그를 이기고 싶은 거죠.

연애는 서로를 세상에서 가장 소중한 존재로 여기는 따뜻한 관계여야 하는데, 당신에게는 언젠가부터 연애가 '승부'처럼 느껴졌던 겁니다. 자신의 말을 남자 친구가 인정하게 하거나, 자신이 해준 것보다 더 많은 걸 받아서 어떻게든 이기고 싶어 하는 거죠. **연애 상대가 경쟁 상대처럼 돼버리는 겁니다.**

"이걸 하고 싶다고? 난 그거 싫어.", "이 음악을 듣고 싶다고? 난 그 음악 별로야.", "이 영화를 함께 보자고? 난 그 영화 싫어.", "방 구조를 왜 이런 식으로 바꿔? 난 싫어."

당신은 그저 자기 생각을 말하는 것뿐이라고 합니다만, 여기에는 그 이상의 의미가 담겨 있습니다. 나는 싫으니까, 만약 나를 소중히 여긴다면 내가 원하는 대로 하라는 지배욕이 숨어 있죠. 이건 상대방이 원하는 걸 못 하게 하고, 상대방을 자신이 원하는 색깔로 '물들이고' 싶은 욕망의 표현입니다.

당신은 물들이는 사람입니다! 그리고 당신의 행동은 상대를 물들이려는 행동입니다. 이런 행동은 상대방을 당신과 똑같은 색깔로 물들이고 싶어 하는 지배욕의 극치이며, 그에게 "당신 마음대로 해서는 절대 안 돼!"라고 말하는 것과 같죠.

'물들이고 싶다'는 욕구는 남자와 여자 양쪽 모두에게 있지만, 흔히 남자 쪽이 더 강하다고 합니다. 그래야 남자답다고 여기던 시대도 있었죠. 고전 소설 『겐지 이야기』[6]의 주인공 히카루 겐지는 어린 여

---

6) 『源氏物語』: 일본 최고의 고전 작품으로 일본적 정서와 미의식 형성의 원류라고 일컫는다. 11세기 초 어느

자아이를 발견하고는 "정말 예뻐. 앞으로 미인이 되겠군! 아직 어리니까 충분히 내가 원하는 색으로 물들일 수 있을 거야"라고 합니다. 그리고 어린 무라사키를 데려다가 자기 방식대로 교육하고 길러서 아내로 삼습니다. 정말 엄청난 지배욕이죠. 그의 지배욕은 아버지의 후궁과 이루지 못한 사랑 때문에 생긴 콤플렉스에서 나왔는데 이후 히카루 겐지는 다양한 연애 편력을 쌓으면서 지배욕을 키워갑니다. 이 이야기는 천 년이 넘도록 사랑받아온 베스트셀러인데, 이 사실만 봐도 누구나 그 숫자가 많든 적든 상대방을 물들이고 싶어 한다는 사실을 알 수 있습니다.

당신은 남자 친구를 지배하고 싶은 욕구가 강한 것 같군요. 일반적으로 아주 소심한 남자도 여자보다는 지배욕이 강하다고 합니다. 바꿔 말하면 그만큼 남자는 여자에게 지배받기를 싫어한다는 거죠. 따라서 당신이 변하지 않는 한, 남자 친구의 기분을 되돌리기는 어려울 것 같습니다.

승부욕을 버리고 조금 약한 모습을 보여주면 어떨까

그리고 한 가지 더. 자신의 불쾌한 감정을 알아달라고 강하게 요구하는 건 달리 말하면 남자 친구가 당신을 이해해주지 않으면 어

여류 작가가 쓴 것으로 알려졌다. 이 작품은 당시의 화려한 귀족 사회를 배경으로 히카루 겐지(光源氏)라는 남자 주인공의 사랑과 영화, 우수에 찬 일생을 그린 이야기다.

쩌나 하며 무척 불안해하고 있다는 걸 의미합니다. 당신의 속마음은 남자 친구가 당신을 이해해주기를 바라지만, 겉으로는 그의 이해를 구하려고 노력하기보다는 그를 비난하고 있습니다.

하지만 화는 화로 돌아오게 마련입니다. 남자 친구로서는 당신을 절대 이해하지 못합니다. 왜냐면 당신이 자기 기분을 이해해달라는 요구를 '화'라는 형태로 전달하고 있기 때문이죠. 남자 친구는 자기 하고 싶은 대로 행동할 뿐인데, 당신이 그걸 두고 화를 내며 싫어하니, 마치 자기를 지배하겠다는 듯이 '물감을 뿌리고 있다'는 인상을 받는 겁니다.

진정으로 남자 친구가 당신을 이해해주기를 바라나요? 그렇다면 당신의 태도부터 바꿔보세요. 남자 친구를 미워하기보다는 "당신이 그러면 난 슬퍼져"라든가 "난 그 노래가 별로인데 함께 있으면 당신은 늘 그 노래를 듣더라. 왠지 날 소중하게 여기지 않는 것 같아서 서운한걸. 내 생각 좀 해줘" 하는 식의 다정한 말과 애교 있는 분위기로 어필해보면 어떨까요? 그러면 남자 친구도 "미안해. 이제 이 노래는 안 들을게"라고 대답하지 않을까요?

"당신이 그러면 난 상처 받아", "당신이 조금만 이해해주면 좋겠어" 뭐, 이런 식으로 조금은 약한 모습을 보여주세요. 상대방에게 약한 모습을 보이는 건 앞서 말한 승부의 관점에서 보면 몹시 어려운 일입니다. 상대방보다 강해지고 싶고, 자신의 가치를 올리고 싶어서 결국 싸우게 되니까요. 하지만 그 탓에 정작 갖고 싶은 걸 놓치면 그게 다 무슨 소용일까요? 실제로 당신이 받은 상처의 속살을 드러내고, 그

상처를 알게 된 남자 친구가 당신을 **보호해주고 싶다는** 마음이 드는 방향으로 나아가는 것이 좋지 않을까요?

남자와 여자가 대등하게 어깨를 나란히 하는 요즘, 남녀평등은 당연하다고들 하지만, 여자가 연약한 역할을 맡고 남자가 그런 여자를 '지켜주고 싶어' 하는 역할을 맡지 않는다면, 남녀 관계는 좀처럼 잘 되기 어려울지도 모릅니다. 이것이 '옳은 관계'라는 말이 아니라, 현실에 비춰볼 때 '원만한 관계'를 이룰 수 있다는 뜻입니다.

보통 사람이라면 상대방의 약한 모습을 보고서도 경쟁심을 드러낼 만큼 잔인하지 않으니, 서로 마음이 통하지 않을까요? 단, 마음을 전할 때에는 자신이 상처 받았다는 사실을 너무 과장하지 않는 편이 좋겠습니다. 오히려 감정이 폭발해 상대방이 화를 낼지도 모르니까요. 그리고 대화할 때에는 신경이 날카로워진 순간도 피하는 것이 좋겠습니다. 아무래도 가시 돋친 상태에서는 사랑스러운 분위기를 만들기 어려울 테니까요. 며칠 지난 후에 "엊그제 자기가 그렇게 말해서 좀 슬펐어" 하면서 말을 꺼내면 남자 친구에게 좀 더 가련하게(?) 보이겠죠.

우리는 그저 좋아하는 사람이 나를 이해해주고 소중히 여겨주기를 바랄 뿐이지만, 실제로는 상대방이 이해하기 어렵게 행동하기 십상입니다. 화를 내거나 잔소리를 해서 상처를 주는가 하면, "이건 이렇게 해야지, 왜 그렇게 안 하는 거야!"라면서 거칠게 반응하거나 공격적인 태세로 사랑하는 사람과 충돌합니다. 자존심 때문에 상대가 연인이라는 사실도 깜빡 잊은 채 승부를 겨루려고 하고, 절대로 약한 모습을 보여주지 않으려고 합니다. 하지만 슬퍼하는 상대방의 속마음을 잘 알아차리고, 상대방에게 받은 상처는 스스로 치유하겠다는 마음가짐으로 행동해야 합니다.

연인을 경쟁 상대로 여기면 사랑은 엉망이 돼버린다는 것, 잊지 마세요. 두 사람은 서로 승부를 다투는 상대가 아니라 오랫동안 함께 할 동반자가 되도록 노력해야 합니다.

합장.

7. 제가 더 많이 좋아하는 게 싫어요

사귄 지 1년 반쯤 된 남자 친구가 있습니다.
처음부터 제가 먼저 좋아했고,
제가 먼저 고백해서 사귀게 된 거나 마찬가지죠.
지금도 여전히 제가 더 좋아하고 있답니다.
그래서 좀 이상하게 들릴 수도 있겠지만, 그런 이유로 저는 항상
약자의 입장에 있어요. 물론 그렇다고 해서 남자 친구가
바람을 피운다거나 저를 함부로 대하는 건 아니에요.
하지만 남자 친구가 먼저 만나자고 한 적도 없고,
제게 먼저 키스한 적도 없어요. 제가 만나자고 하지 않으면
아마 영원히 만나지 않을지도 몰라요. 가끔 비참한 기분이 듭니다.
좋아하는 사람과 사귀고 있는데도 불안해요. 어쩌죠?
제가 좀 더 냉정하게 대해볼까요?
아니면 이만 끝내자고 해야 할까요?

(28세, 간호사)

연애가 대결이 되는 이유

사연을 읽어보니 당신의 심정은 이렇군요. "처음에는 내 쪽에서 더 좋아했지만, 둘이 사귀면 서로 비슷하게 좋아해야 하는 거 아냐? 아니면 남자 친구 쪽에서 나를 더 좋아하든가. 내가 이길 수 있을 정도는 돼야 해! 여태까지 그렇게 되지 않았다니, 이건 말도 안 돼!"

바로 앞의 사례처럼, 안타깝게도 남자 친구를 이기고 싶어 하는 마음이 살짝 엿보이네요. 게다가 자신이 남자 친구와의 대결에 신경 쓰고 있다는 사실에 일말의 죄책감마저 느끼고 있군요. 하지만 당신도 그런 사실을 솔직하게 인정하고 싶지는 않겠죠.

누구나 어느 정도는 사랑의 힘겨루기에 신경을 쓰게 마련입니다. 유독 외로움을 타는 사람일수록 "이렇게 사랑받고 있으니까 나는 괜찮아!" 하고 확인하고 싶어 합니다. 외로움에 대한 두려움을 떨치기 위해서죠. 그래서 자신이 사랑받지 못한다고 생각하면 안절부절못하게 됩니다.

사랑받고 있다는 걸 실감하는 수준이란 어떤 상태냐고요? 아마, 자신이 상대방을 사랑하는 정도보다 상대방이 자신을 사랑하는 정도가 더 큰 상태를 말하겠죠. 그리고 그 차이가 클수록 자신이 사랑받고 있고, 그만큼 가치 있는 존재라는 자부심이 충족될 겁니다.

그리고 이런 생각을 하게 되겠죠. "그이가 나를 늘 원하고, 감싸주고, 보호해줬으면 좋겠어. 하지만 내가 그이한테 그렇게 해주고 싶지는 않아!"

누군가가 자신을 '감싸주고 보호해주는 느낌'은 부모가 아무런 대가 없이 한없이 보살펴주고 사랑해주기를 바라는 유아기적 충동과 관련이 있습니다. 만약 이런 형태의 '사랑받고 싶은 충동'이 강하다면 당신은 남자 친구를 원하는 것이 아니라 아버지를 원하는 겁니다.

　　자, 이번에는 남자 친구가 먼저 만나자고 하지 않는 이유를 생각해봅시다. 어쩌면 그도 강자의 위치를 차지하고 싶은 마음이 있기 때문인지도 모릅니다. 사랑의 시소게임에서는 누구나 '이기는' 상태를 좋아하죠. 의식적이든 무의식적이든, 내가 원하는 게 아니라 상대방이 나를 원하고 있다는 확신은 '나의 상품 가치가 더 높다'는 쾌감을 맛보게 해주기 때문입니다.

　　혹시 남자 친구가 맨 처음 사례에 나왔던 남자와 같은 초식남인가요? 그렇다면 자신이 더 사랑받고, 누군가가 자신을 더 원하는 지금의 상황이 좋아서, 먼저 만나자고 하지 않는 것일 수도 있습니다. 그렇다면 당신이 사연에 쓴 대로 냉정하게 대하거나, "이만 끝내자"고 하는 것도 조금은 도움이 되겠네요. 하지만 갑자기 차갑게 굴거나 절교를 선언한다는 건 매우 공격적인 반응이네요. 혹시 당신이 애초부터 연인을 승부의 대상으로 봤기에 그런 발상이 나오는 게 아닐까요?

　　자, 그런 발상으로 누군가를 사랑하면 당신은 자신의 잔꾀에 빠져 스스로 자신을 피곤하게 할 뿐입니다. 당연히 연애도 잘될 리가 없습니다. 앞서 말했듯이 남자 친구를 이기고 싶다는 생각이 이미 당신을 불행으로 몰아가고 있기 때문입니다. 중요한 건 잔꾀가 아니라 당신 마음을 바꾸는 일입니다. 상대방을 원하면서도 그러지 않는 척하는 건 고통스러울 뿐입니다. 저는 당신이 남자 친구를 원하는 마음의 강도를 조금 낮추고, 그에게 다가가는 속도를 조금 늦추라고 충고하고 싶군요. 쉽게 말해 그 남자를 당신의 다양한 생활 환경의 일부 정도로 간주하라는 거예요.

구체적으로 남성 친구들의 수를 늘리는 전략은 단순하면서도 효과가 있습니다. 바람을 피우라는 게 아닙니다. '주변에 나를 챙겨주는 남자들이 있구나' 하는 느낌이 들면, 당신의 허전한 마음을 채우고 싶은 갈망이 어느 정도 충족될 겁니다. 그렇게 되면 남자 친구에게 지나치게 기대지 않게 됩니다.

남자 친구를 통해서만 '전원'을 켜려고 하지 말고, 친구나 가족, 일, 취미 등등 생활 환경 어디에서나 전원을 찾을 수 있게 '문어발식 배선'을 하세요.

하지만 이 방법도 어디까지나 응급처치에 불과해서 도파민이 완전히 퍼진 상태에서는 근본적인 해결책이 되지는 않을 겁니다.

도파민의 힘을 빌리지 않고도 행복을 느낄 수 있다

그렇다면 근본적인 대책은 무엇일까요?

앞서 말했듯이 욕망은 점점 커져서 탐욕이 되는 특성이 있습니다. 이를테면 우리가 먹는 음식도 처음에는 자연스럽게 즐기지만, 먹는 걸 너무 좋아하게 되면 음식을 아무리 먹어도 좀처럼 만족감이 생기지 않습니다. 과식하게 되는 거죠. 음식에 집착하게 되면, 즉 어떤 패턴이 생기고 나면 우리 뇌가 도파민을 수용하는 신경세포의 수용체에 익숙해져서 쾌감을 맛보지 못하게 되는 겁니다. 결국 아무리 먹어도 정신적인 공복감은 점점 더 커져서 폭식을 하지만, 오히려 외로움이나 불안을 느껴 점점 더 통제하기 어려워집니다.

운동선수도 금메달을 목표로 열심히 훈련하는 동안에는 괜찮았지만, 막상 금메달을 따고 나니 오히려 더 힘들어졌다는 고백을 자주 합니다. "금메달을 땄어. 자, 이제 다음 목표는?" 이런 상태에 놓이면 필연적으로 외로움과 공허감이 닥칩니다. 이건 우리 의지로는 어떻게 막아볼 수 없는 회로입니다.

이런 현상은 이른바 캐리어 우먼에게서도 종종 확인할 수 있습니다. 목표 달성을 통해 사는 보람을 느끼며 열심히 살아가는 이런 여성들은 연애할 때에도 연애를 상대방과 겨루는 승부처럼 여기기 십상입니다. 목표를 달성하려는 욕구가 무의식적으로 작동하기 때문이죠. 두말할 것도 없이 이런 회로는 도파민과 밀접한 관계가 있습니다.

도파민은 언제 생성될까요?

단순히 뭔가를 '갖고 싶다'고 할 때보다 '없으니까 갖고 싶다'고 할 때입니다. 그리고 이런 욕구가 일단 발동하면 '갖고 싶다'는 마음은 점점 더 강해집니다. 배고플 때 냉장고에서 음식을 꺼내 바로 먹을 수 있다면 도파민이 그다지 많이 나오지 않습니다. 하지만 배가 몹시 고픈데 주위에 먹을 것이 전혀 없다면, 이런 상황에서 '없는 음식을 원하게' 되면 불쾌감을 부르는 도파민이 대량으로 분비돼 우리 몸은 고통에 휩싸입니다. 그럴 때 빵 부스러기라도 발견하면 우리 몸은 큰 쾌감을 맛보게 됩니다. 바로 전에 고통스러웠던 만큼 이번에는 쾌감을 불러일으키는 도파민이 대량으로 분비되기 때문이죠.

결핍과 결핍 해소의 격차가 크면 클수록 고통에서 해방되면서 나오는 도파민의 양도 많아집니다. 따라서 기복이 심한 연애일수록 그만큼 큰 쾌감을 안겨줍니다. 연애뿐 아니라 퍼즐이나 컴퓨터 게임도 너무 쉬우면 재미 없습니다. 고통의 기간이 짧기 때문입니다. 너무 어려워서 풀지 못하는 문제 또한 재미 없습니다. 이번에는 고통에서 해방되는 순간이 아예 오지 않기 때문이죠. 그래서 어렵지만 어떻게든 풀 수 있는 문제가 인기 있는 겁니다. 이처럼 게임은 '고통'과 '고통으로부터의 해방'을 계속 되풀이해서 쾌감을 얻는 수단이기 때문에 아이들에게는 좋지 않습니다. 여담입니다만, 저는 아이들에게 게임처럼 고통과 거기서 해방되는 취미를 몸에 익히게 하기보다는 기록 경신을 목표로 자기 페이스대로 훈련하는 마라톤이나 수영, 양궁 같은 스포츠를 권하겠습니다. 선수 사이에 서로 경쟁하는 경기보다는 그 편이 아이들의 정서적 성장에 좋다고 생각합니다.

자, 그렇다면 이 도파민 회로에 빠지지 않으려면 어떻게 해야 할까요?

쉬운 방법이 있습니다. 아침부터 도파민이 분출해 욕망에 휘둘릴 만한 정보는 아예 건드리지 않는 편이 좋겠죠. 아침에 일어나서 한 시간 정도는 남자 친구와 문자 메시지를 주고받지 마세요. 전화도 하지도 말고, 신경 회로를 평온한 상태로 유지하는 걸 생활화하세요. 그러면 마약 같은 도파민 농도가 조금이라도 옅어져 안정된 하루를 시작하게 될 겁니다. 어떤 날은 도파민이 몸속에 남아 있지 않도록 온종일 남자 친구를 생각하지 말고, 전혀 다른 것에 몰두해봅시다. 그리고 그 후에 문자 메시지를 주고받거나 통화해보세요. 마음이 가라앉아 있으니 도파민의 지배를 받을 일도 없고, 그 덕분에 일희일비하지도 않을 겁니다.

그리고 연애를 계속한다는 것, 좋아하는 사람과 함께 있다는 것 자체의 행복을 느껴보세요. 그러다 보면 "사랑받지 못하는 건 참을 수 없어!"라는 식의 유치한 투정도 점점 사라질 겁니다. "함께 있다는 것만으로도 희망적이고 멋진 경험이니까, 열심히 사랑해야 해" 하고 용기를 내게 되겠죠. 다시 말해 "사랑받고 싶어!"에서 "사랑하고 있어!"로 마음가짐이 바뀌는 겁니다.

남자 친구가 적극적으로 접근하지 않아도, 실제로 만나고, 함께 식사하고, 함께 잠자리를 하지 않나요?

당신은 그와 사귀기 오래전부터 바랐던 것 일부는 손에 넣었습니다. 지금의 남자 친구에게 "당신을 사랑해요!"라고 말했던 바로 그 시점에 서보세요. 그리고 모든 걸 다시 돌아보세요.

합장.

특강 4. 사랑과 지배의 공범 관계

상대를 휘두르려는 것도, 느끼는 척하는 것도 지배 욕구 때문이다

사랑과 지배는 언뜻 보면 전혀 다른 것 같지만, 사실은 밀접한 '공범 관계'에 있습니다.

당신을 사랑하는 사람에게는 당신의 말과 행동 하나하나가 큰 영향을 미칩니다. 그것이 바로 사랑이라는 마법이 하는 일이죠. 사랑의 말을 속삭여주는 것만으로도 연인은 행복해합니다. 얼굴에서 빛이 나고, 상대방이 토라지기라도 한 것 같으면 안절부절못합니다. 그 모습을 보면 누구라도 마음이 뿌듯해지게 마련입니다.

자, 바로 이것이 '나는 상대방을 압도적으로 지배할 수 있는 매력이 있다'는 지배욕이자 권력욕의 발현이 아니면 무엇이겠습니까?

사람은 대부분 진심으로 사랑하는 연인에게서 압도적인 영향을 받게 마련이죠. 자신의 행동이나 말이 상대방에게 얼마나 큰 영향력을 발휘하는지를 알아내서 자신이 얼마나 사랑받고 있는지를 확인하고 싶어 합니다. 연인에게 선물을 주거나 요리를 해줬는데도 별로 기뻐하는 기색이 없으면, 몹시 실망하거나 화를 내는 것도 그런 이유 때문입니다. 자신의 지배욕이 꺾였기 때문이죠. 무심결에 심한 말을 내뱉고, "이제 다

그만두자!"라며 심통을 부리고, 상대방을 힐책하는 것도 마찬가지입니다. 지배욕과 권력욕에 휘둘리면 이런 행동을 통해 상대방이 얼마나 동요하는지를 알고 싶어집니다.

　　관점을 조금 바꿔볼까요? 섹스할 때 남자들이 일반적으로 '잘 흥분하는' 여자를 귀여워하거나 매력적이라고 생각하는 이유도 역시 지배욕의 발현이라고 볼 수 있습니다. 조금만 만지거나 건드려도 여자가 흥분하고 좋아하면, 남자는 '내가 이 여자에게 영향력을 미치고 있구나, 내 덕분에 여자가 쾌감을 맛보는구나' 하며 뿌듯해합니다. 다시 말해 자신감이 생깁니다. 하지만 잘 생각해보면 좀 이상합니다. 만약 여자가 체질적으로 잘 흥분하는 타입이라면 남자의 영향력과 상관없을 테니까요.

　　어쨌거나 남자에게는 이런 지배욕이 있어서 여자에게서 적극적인 반응을 확인하지 못하면 자존심에 상처를 입는다거나 자신감을 잃는다는 이야기가 들립니다. 그 때문인지 성관계가 별로 만족스럽지 않더라도 오르가슴을 느끼는 척하는 여자도 있다고 합니다.

　　연인을 휘두르고 싶고, 뭔가 꼬투리를 잡고 싶어지는 것도, 거짓으로 오르가슴을 느끼는 척하게 되는 것도 사실은 지나친 지배욕이 빚어낸 결과일 뿐입니다. 사랑의 균형이 무너질 때 이런 사실을 자각하고 자신의 솔직한 모습으로 돌아가는 연습을 해야겠습니다.

8. 남편보다 더 좋아하는 사람이 생겼어요

운명적인 사람을 만났어요. 작년에 입사한 회사 동료예요.
일을 잘해서 존경스럽기도 하고, 저와 생각도 비슷해서
함께 있으면 시간 가는 줄 모를 정도로 즐거워요.
둘 다 싱글이었다면 분명 결혼했을 거예요.
하지만 저나 그 사람이나 이미 배우자가 있습니다.
물론 남편을 가족으로서 좋아하지만,
그 남자를 생각하는 것만큼 강렬한 감정은 아니에요.
정말 그런지는 잘 모르겠지만, 그 사람도 부인을 여자로
생각하지 않는 것 같아요. 우리는 서로 무척 끌리고 있어요.
아직 그런 말을 들은 건 아니지만, 만약 그 사람이 결혼하자고 하면
남편과 이혼하고 그 사람을 선택할 것 같아요.
남편과 그 사람, 둘 중 누구를 선택해야 할까요?

(36세, 회사원)

쓸데없는 걱정은 접어두자

누구를 선택해야 하느냐는 질문 자체가 너무 앞서 가는 것 같군요. 아직 '선택'할 단계가 아닙니다. 착각이 지나친 것 같네요.

"그 사람도 부인을 여자로 생각하지 않는 것 같다"는 추측은 그 사람이 했던 말을 듣고 내린 판단이겠지만, 솔직히 그건 유부남들이 마음에 드는 여자를 꼬드길 때 흔히 사용하는 '작업 멘트' 중 하나일 뿐입니다. 여자의 마음속으로 비집고 들어갈 틈을 만들기 위해 지어낸, 근거 없는 이야기일 뿐이죠. 자기 가정은 지키면서 새 여자를 얻기 위한 수단에 지나지 않는 말입니다. '여자로서는 당신이 좋아, 아내는 가족이지 여자가 아니야, 당신의 경쟁 상대도 아니니까 그 문제 때문에 우리가 헤어질 필요는 없다'는 주장을 내세워 지금의 상태를 유지하려고 파놓은 함정이라고 생각하면 됩니다.

남자들은 불륜 상대에게 "저이가 자기 아내를 여자로 생각하지 않는다는 건 이혼하고 싶다는 뜻이 아닐까? 헤어지고 나한테 오려는 게 아닐까?" 하는 기대를 품게 하면서도, '나는 아내와 헤어질 수는 없다'는 메시지를 전하고 싶을 때 이런 상투적인 표현을 사용하죠.

"내가 관계를 맺고 싶은 여자는 당신(이지만, 함께 가정을 꾸리고 싶은 여자는 당신이 아니라 내 아내야)"이라고 말하면서도 그 사람의 마음속 어딘가에는 혼자만의 속셈이 괄호 안의 내용처럼 암호화돼 있을 겁니다. 하지만 당신은 그 암호를 풀지 못하고 혼자 착각해서 자신에게 유리한 쪽으로 상황을 이해하고 있군요. 아마 지금은 그걸 사실로 믿고 있는 상태가 아닐까 추측해봅니다.

꼭 불륜이 아니더라도, 남자가 여자를 사귀기 시작할 때에는 상대방의 마음을 사로잡기 위해 흔히 여자의 자존심을 부추깁니다. 당신과 있으면 마음이 편하다든가, 당신한테만은 속내를 털어놓을 수 있다는 둥, 어떤 의미에서 당신은 특별한 사람이라는 느낌이 들게 연출합니다. 이건 상대방의 나르시시즘을 자극하는 말로, 일반적으로 주변에 여자가 많은 남자가 사용하는 상투적인 표현입니다. 물론 이런 말은 여자가 "아아, 그 사람에겐 나밖에 없대! 나, 정말 괜찮은가 봐!" 하고 그만 사기꾼의 계략에 빠지게 하는 수법입니다. 그것참!

그렇게 여자는 남자의 계략에 빠져서 "저이가 결혼하자고 하면 어떡하지?" 하는 망상에 빠집니다. 그러나 안심하세요! 그런 이야기를 들을 일은 절대 없으니까요. 절대 없으니, 부디 남편을 선택해서 다시 잘 지내도록 하세요.

망상은 집어치우고, 지금 가진 것을 소중히 여기자

불륜 상대가 나쁜 남자고, 평소에는 잘해주지도 않고, 여자를 정신적인 기아 상태에 방치했다가 가끔 다정하게 대해주기를 반복하고 있다면, 여자는 자신이 '사랑받고 있다'는 망상을 만들어내기 시작합니다. 하지만 이런 망상은 계속되지 않을 겁니다. 사랑에 굶주린 기아 상태에서 얼마간은 계속되겠지만, 그 고통이 임계점을 넘어서면 너무 고통스러워서 여자는 진저리를 치게 될 테니까요. 그리고 곧 그에 대한 사랑이 증오로 바뀌겠죠. 그런 순간은 언젠가 반드시 찾아옵니다.

그다음에 어떻게 될지 한번 생각해봅시다. 그 사람과 함께 있으면 자존심에 너무도 큰 상처를 입기 때문에 때가 되면 더는 함께 있고 싶지 않게 됩니다. 그는 이제 기피 대상이 돼 이른바 '반전'이 일어납니다. 네, 열정이 식었다고 할 수 있죠.

만일 당신이 그 유부남과 결혼한다고 가정해봅시다. 그런 상대와 함께 있으면 짜릿한 쾌감은 얻을 수 있을지 모르지만, 지금 남편과의 사이에서 얻을 수 있는 안정이나 편안한 상태의 행복은 무너지겠죠. 다행히 지금의 남편을 가족으로서는 좋아한다고 하니 그다지 신경 쓰지 않고 살 수 있습니다. 함께 있을 때 편안한 관계가 정착될 수만 있다면 그쪽을 소중하게 여기는 편이 나을 겁니다. 훗날 당신이 노인이 되었을 때 분명히 "아아, 이 남자와 함께 있어서 다행이야"라고 말할 수 있는 상대로 남편을 재발견할 수도 있지 않을까요?

당신에게는 이런 안정된 가족 관계가 이미 형성돼 있어서, 이걸 기반으로 '뭔가 다른 것도 가져보고 싶다'는 생각이 드는 것뿐입니다. 하지만 구태여 다른 걸 손에 넣어서 지금의 가정을 무너뜨린다면, 나중에 반드시 안정된 생활을 원하게 될 겁니다. "사실은 그때가 행복했어. 소중한 행복을 잃어버렸으니 난 엄청난 손해를 본 거야"라고 생각하게 될 겁니다. 모든 걸 갖고 싶다는 욕구 자체가 무리한 거죠. 지금 당신이 가진 걸 소중히 여겨야 합니다.

그리고 당신이 놓치고 있는 게 있습니다. 남편의 감정이 식어버릴 가능성이나 남편이 먼저 이혼을 요구할 위험은 전혀 고려하지 않는다는 사실입니다. 그런 점에서 당신은 남편을 완전한 소유물로 보고 있는 겁니다. 이미 자기 손아귀에 들어온 물고기로 생각하는 거죠. 그래서 더는 사랑하거나, 소중히 여기거나, 마음을 써줘야 할 대상으로 보지 않는 것 같네요. 결혼 생활이 어딘가 만족스럽지 못하다는 느낌이 든다면, 그건 관계의 문제인 만큼 분명히 상대방도 고통을 겪고 있을 겁니다. 남편 역시 결혼 생활에 만족하지 못하고 있을 가능성이 크다고 할 수 있죠.

당신이 불륜 상대에 대해 말한 게 사실이라면, 그 남자가 당신을 멋대로 농락하고 있다는 걸 알 법도 한데, 상황을 자기 마음대로 해석하는 걸 보면 잘 지내고 있다는 남편과의 관계도 사실은 당신 마음대로 적당히 해석한 건 아닐까 싶군요. 한번 냉정하게 돌이켜보세요.

다시 말해 가장 중요한 건 남편이 무슨 생각을 하고 어떤 감정을 품고 있는지, 그의 행동이나 말을 통해 들여다보는 일입니다. 그것이 가장 시급한 과제입니다.

우선 부부 관계를 정상으로 회복하는 데 정성을 기울여보세요.

합장.

남성 친구가 내게 사랑을 고백한다면

'그동안 모처럼 만난 좋은 친구라고 생각해온 남성 친구가 저에게 사랑을 고백하는 순간, 갑자기 그 친구가 싫어졌습니다. 그리고 이후로는 친구 관계도 어색해져서…….'

이런 상담을 받은 적이 있습니다. 이성으로 좋아하지 않는 상대가 사랑을 고백할 때 나타나는 전형적인 반응 중 하나입니다. 이런 경우에 사람들이 보여주는 반응에는 세 가지 유형이 있습니다.

첫 번째는 "이 사람, 지금까지 이성으로 보지 않았지만, 나를 좋아한다니 기뻐. 사실은 나도 이 사람을 좋아하고 있는지도 몰라" 하고 반응하는 유형입니다.

사랑에 굶주려 있으면, 조금만 호의를 보여도 그가 좋아집니다. 이건 상대가 좋은 것이 아니라 자신을 좋아해주는 사람이 좋은 나르시시즘이라고 볼 수 있겠네요.

두 번째는 "내게 사랑을 고백했다고 해서 연애 감정이 생기지는 않지만, 호의를 보이는 것 자체가 신경 쓰이지는 않아"라고 반응하는 유형입니다. 이 경우, 사랑을 고백한 상대에게 대부분 "기쁘기는 하지만……"이라며 애매하게 대답합니다. 나쁘게 말하면, 사랑하지도 않으면서 상대를 곁에 두고 싶어 하는 것인지도 모르겠습니다.

　　그리고 세 번째가 "그동안 모처럼 만난 좋은 친구라고 생각했는데……"라며 섭섭해하거나 혐오감을 느껴 사이가 어긋나는 유형입니다.

　　여기서는 세 번째 유형, 즉 '나를 좋아하면 슬퍼지는 심리'를 살펴보겠습니다. 그러니까 나를 좋아한다고 해도 나쁠 게 없는데, 왜 싫은 기분이 드는지, 조금 이상하죠?

　　아마도 순수한 우정은 이해관계가 없을 때, 그러니까 서로 상대를 욕망의 대상으로 삼지 않을 때 성립되기 때문이 아닐까요?

　　연애 감정은 어찌 됐든 "이 사람 입술을 훔치고 싶어", "이 사람 가슴을 만지고 싶어", "이 사람에게 사랑받고 싶어", "이 사람이 나를 다정하게 대해줬으면 좋겠어"라는 식으로 욕망을 분출시킵니다. 그래서 내가 욕망의 대상이 돼 그에게서 여러 가지 요구를 받는 상태가 되는 게 불편하고, 불안한 것 같습니다.

　　이렇게 보면 '우정과 연애는 양립할 수 있나?'라든가 '친구와 연인의 경계는 어디인가?'라는 등 과거부터 계속 제기돼온 어려운 문제에

답하는 것이 가능할 수도 있겠네요.

유형1과 유형2의 사람은 사랑 고백을 받아도 상대방과 친구로 남을 수 있습니다. 유형3처럼, 좋게 말하면 순수하고 나쁘게 말하면 융통성 없는 사람에게 우정과 연애는 양립할 수 없습니다.

그래서 만약 당신이 좋아하는 남자가 있어서 "사랑을 고백했다가 날 싫어하게 되면 어쩌나……" 하는 우중충한 고민의 안개에 싸여 있다면, 그 남자가 과연 어떤 유형인지를 잘 파악하는 게 좋겠습니다. 유형1이나 유형2라면 고민하지 말고 고백하면 되겠죠. 유형3이라면 과감하게 마음을 드러냈을 때 우정이 깨질 수도 있다는 각오를 단단히 해야겠습니다. 건투를 빕니다.

그럼. 난 싫어.

좋아해.

9. 진짜 애인이 되고 싶어요

짝사랑하던 회사 선배와 관계를 가졌습니다.
여태 단둘이 있던 적이 한 번도 없었는데,
회식이 끝나고 돌아가던 길이었어요.
그 후 선배가 먼저 만나자고 해서 몇 번 만났어요.
이제 사귀는 건가 싶었죠. 그런데 이번에 선배가 저와
잠자리를 하고 나서 물었어요. "나랑 사귀고 싶어?"
제가 "응" 하고 대답했더니 "그건 안 돼!"라고 말하더군요.
슬펐지만, 여전히 선배를 좋아해서 그 후에도 만나자는
연락이 오면 기쁜 마음으로 언제나 달려갑니다.
진짜 여자 친구가 따로 있는지, 나를 좋아하긴 하는지,
신경 쓰이지만 물어볼 수가 없습니다.
제대로 물어보는 게 좋을까요?
어떻게 해야 진짜 애인이 될 수 있을까요?

(25세, 판매원)

상대방이 당신을 가볍게 생각하고 있는 한 사랑은 없다

사귀고 싶다고 분명히 밝혔는데도, "그건 안 돼!"라고 말했다면, 그 장벽을 뛰어넘기는 어렵다고 봅니다. 남자는 당신을 시험하기 위해 먼저 "나랑 사귀고 싶어?"라고 물어본 겁니다. 자신이 거절해도 당신이 여전히 자기를 좋아할지, 당신은 연인이 되고 싶어 하는데 육체관계만 계속할 수 있을지 떠보는 거죠. 정말 보통 거만한 남자가 아니군요! 여자가 어떻게 대답할지를 빤히 알고 있으면서 일부러 거절하려고 애초부터 작정하고 있었던 거잖아요. 당신의 감정이 상하든 말든 "나를 싫어하지는 못하겠지. 내가 없으면 견디지 못할 테니까!"라는 확신에 차서 "나랑 사귀고 싶어?" 하고 건방지게 물었던 겁니다.

다른 관점에서 보면, 설령 당신이 거절하지 않으리라는 걸 예상했다고 해도, 혹은 멀어질 위험이 있다는 걸 알고 있었다고 해도, '그럼 할 수 없지 뭐. 잠자리를 계속할 수 없게 돼서 아쉽기는 하지만, 그럭저럭 지낼 수 있어, 괜찮아' 하는 정도의 감정이었기에 단호하게 "안 돼!"라고 오만한 반응을 보였다고 할 수 있었겠죠. 솔직히 말해 그 남자는 당신을 성적인 도구로만 취급하면서 가볍게 여기고 있습니다. 진짜 애인이 되기는 정말 어렵겠습니다.

그렇지만 형세를 뒤집을 기회가 아주 없지는 않습니다. 육체관계는 자기도 모르는 사이에 집착을 낳게 됩니다. 남자에게 아주 강한 쾌감을 줄 수 있다면, 관계를 반복하다 보면 어느새 당신에게 의존하게 될 수도 있죠. 남녀가 서로의 몸을 만지면서 은밀한 시간을 보내면 옥시토신[7]이 분비돼서, 자신도 모르게 상대방에 대한 집착이 생깁니다. 한쪽이 고의적으로 육체관계를 띄엄띄엄 하면 다른 한쪽은 어떻게든 만나고 싶어 안달이 나겠죠. 입장이 역전되는 겁니다.

다만, 당신이 어느 쪽이 될지는 잘 모르겠습니다. 원래부터 당신을 그다지 좋아하지 않았다고 하니 이것저것 귀찮아진 남자가 이제 그만 만나자고 하는 상황도 충분히 예상할 수 있습니다. 게다가 설령 이런 방법으로 그의 마음을 돌린다고 해도, 그건 의존 관계를 역전시켰을 뿐이므로 본질적으로 애정이 있는 관계와는 다를 수밖에 없습니다.

자기 자신감을 지키는 도구로 당신을 이용할 뿐이다

연인에게 사랑받는 것만으로는 허전한 기분이 들고, 사람들에게 사랑받으면서 자신감과 가치를 지키고 싶어 하는 경향은 누구에게나 조금씩은 있게 마련입니다. 자신감을 북돋우기 위해, 마음대로 데리고 놀아도 될 것 같은 사람이 자신에게 매달리는 상태를 유지하려고, 그러니까 자신감을 지키기 위한 '도구'로서 자신에게 호의적인 이성을 이용하는 겁니다.

---

7) oxytocin: 아기를 낳을 때 자궁의 민무늬근을 수축시켜 진통을 유발하고 분만이 쉽게 이루어지게 하며 젖의 분비를 촉진하여 수유를 준비하게 하는 호르몬이다. 그러나 출산 시만이 아니라 평상시에도 분비돼 사랑의 묘약처럼 작용하여 친밀감을 느끼게 한다. 예를 들어 산모가 아기에게 강한 정서적 유대감을 느끼는 것도 이 호르몬의 작용이며 여성이 남성에게 모성 본능을 느낄 때에도 왕성하게 분비된다. 옮긴이 주.

다만, 대부분 남자는 그런 이성을 단순히 곁에 두는 정도에 그치는데, 이를테면 상대방이 자기를 좋아하고, 그래서 늘 만나고 싶어 한다는 걸 느낄 수 있는 정도의 관계만 맺는데, 이 남자는 당신과 육체관계까지 가졌습니다. 진정으로 사랑하지 않는 사람을 뻔뻔하게 곁에 두는 것도 칭찬받을 일이 아닌데, 하물며 성적으로 착취까지 하다니, 당신은 더 심한 취급을 받고 있는 겁니다.

하지만 앞서 말했듯이 '자신감을 지키기 위해'라는 말은 속을 뒤집어보면 '자신감이 없다'는 뜻입니다. 그러니 사실 그는 어떻게든 자기 자신감을 지키기 위해 '도구로서의 그녀'에게 의존하고 있는 셈입니다.

단지, 지금은 여러 '도구'를 갖고 있기에 특별히 그녀가 아닌 다른 어떤 도구라도 상관없다고 생각하고 있습니다만, 만약 '이 도구가 아니면 안 된다'고 할 정도로 당신에게 의존하게 한다면, 역학 관계가 역전될 수도 있겠죠. "이제 그만 만나!"라고 말해보면 상황이 달라질지도 모릅니다.

그렇지만 결국 이런 상황도 그저 '어떤 것이라도 상관없는 도구'였다가 '무척 소중한 도구'로 격상된 셈이니 당신은 '도구로서 출세했을' 뿐입니다. 이런 식으로 진짜 연인이 된다고 해서, 정말 행복해질지는 알 수 없네요.

서로 상대방을 도구처럼 취급하면 행복할까

이렇게 '상대방을 도구처럼 취급하는' 사람이 적지 않습니다. 저는 상담을 요청한 여자들이 '사귀는 남자 친구한테서 물건 취급을 받고, 이용당하고 있어서 괴롭다'고 하소연하는 경우를 흔히 봅니다. 또 상담하는 저도 사실은 "내가 상대방을 물건 취급하고 있는 건 아닐까?" 하고 스스로 돌아볼 때가 있습니다.

어떤 의미에서 보면, 두 사람이 서로 상대방을 자기만의 소유물이나 도구처럼 여기니 행복할 수도 있겠다고 생각하는 사람도 있겠지만, 결국 그 때문에 서로 고통스러워지고 불행해진다는 사실도 말해야겠네요. 게다가 진짜 연인이 되면 도구 취급을 당하지 않으리라고 장담할 수도 없죠. 그는 당신만이 아니라 모든 여자를 물건처럼 여기는지도 모를 일입니다. 그에게 진심으로 사귀는 여자가 있을지도 모르지만, 진짜 애인에게만은 특별히 순수한 마음으로 대할까요? 그럴 것 같지는 않군요.

반면에 당신도 그 남자를 도구로 취급하고 있을 가능성도 없지 않습니다. 제가 그의 마음을 전혀 알 수 없기에 단언할 수는 없지만, 상담 사연으로 판단하기에는 서로 상대방의 감정을 생각하지 않고 있을 가능성도 있어 보입니다. 이쪽에서 그를 대하는 방법을 조금 바꾼다고 해도, 그가 당신을 대하는 감정이 많이 달라질 것 같지 않습니다. 중요하게 생각하는 상대방의 태도가 달라지거나 마음이 변하면 깜짝 놀라고 충격을 받지만, 그다지 중요하지 않은 사람이 조금 달라진다고 한들 신경조차 쓰지 않을 겁니다.

만약 지금과 같은 상태라도 좋으니, 남자 친구와 관계를 계속 유지하고 싶다면, 그가 스트레스를 받거나 성가시다고 느낄 만한 이야기는 피하는 게 좋습니다. '진짜 연인이 되고 싶다'거나 '진지하게 대해 달라'며 돌아봐 주기를 강요하는 태도는 상대방에게 스트레스를 주기 때문에 그가 '이 여자와는 함께할 수 없다'고 생각하는 계기가 됩니다.

한편, 잔소리가 없다거나 '당신을 소유하고 묶어두고 싶다'는 압박을 느끼게 하지도 않고 '편히 쉬게 해주려고 한다'는 걸 그가 느낄 수 있게 한다면, 도구로서의 지위는 결과적으로 향상되겠죠.

"진짜 애인이 되고 싶다"는 욕망을 억제하고, 그 사람 상황에 맞춰주면서 도구로서의 지위 상승을 목표로 삼아야 한다는 건 서글픈 일이긴 하네요.

그 결과로 그의 태도가 바뀔 수도 있겠지만, 글쎄요. 그것이 행복인지 아닌지는 또 다른 이야기겠죠.

합장.

10. 남자 친구에게 프러포즈 받고 싶어요

사귄 지 8개월 된 남자 친구가 있습니다.

평일에는 거의 문자 메시지만 주고받고, 주말에 바쁘지만 않으면
남자 친구가 언제나 집으로 옵니다. 막 사귀기 시작했을 때만 해도
밖에서 데이트도 하고 그랬지만, 요즘에는 오로지 집에만
있으려고 하네요. 대화도 거의 없어요. 좋게 말하면 안정된
느낌이지만, 나쁘게 말하면 권태기(?) 같아요.

두 달 후면 서른 살이 됩니다. 저는 결혼하고 싶은데,
남자 친구는 프러포즈할 기미조차 보이지 않네요.

집에서 밥을 먹을 때 "우리 꼭 부부 같다. 그치?"라고 했더니,
"그런가?" 하고 얼버무리고 말더군요. 남자 친구는 저와
결혼할 마음이 없나 싶어서 불안합니다.

어떻게 하면 남자 친구에게서 프러포즈를 받을 수 있을까요?

(29세, 회사원)

남자 친구와 결혼하고 싶은가, 빨리 결혼하고 싶은가

우선, 하나만 물어보죠. 다른 사람이 아니라 왜 그 남자와 결혼하고 싶죠? 저는 그게 궁금합니다. 사연만 봐서는 잘 모르겠군요. 보이는 건 벌써 나이도 서른이 돼가니 어서 누군가와 결혼하고 싶다는 말뿐이네요.

혹시 남자 친구도 비슷한 의문이 든 게 아닐까요? "이 여자는 왜 나랑 결혼하고 싶은 걸까, 서른이라는 나이 말고는 그 이유를 전혀 모르겠어"라고 생각하고 있는지도 모릅니다. 그리고 "결혼이 하고 싶어서 그런 거라면 꼭 내가 아니어도 상관없잖아. 왜 나 아니면 안 된다는 거야?", "당신이 원하는 건 결혼이지, 내가 아니잖아" 하는 식으로 생각하고 있을 가능성이 큽니다. 남자의 감정이 순식간에 식어버릴 수도 있는 위험한 상황이죠.

서른 살이 되기 전에 결혼해야 한다는 건 어디까지나 당신의 머릿속에만 있는 생각입니다. 남자 친구와는 전혀 관계없는 일이죠. 남자는 그런 이야기에 자신도 모르게 '조연'으로 캐스팅된 셈이니 짜증이 날 만도 하겠죠.

바로 앞의 사연에서 여자를 도구처럼 취급하는 남자 이야기를 했는데, 이번에는 반대로 남자가 그런 취급을 당하고 있다고 생각할 수도 있습니다. "나를 좋아하는 게 아니라, 결혼이라는 상황에 맞는 도구가 필요한 거구나" 이런 생각이 들면 엇나갈 가능성도 있습니다.

여기에는 아주 중요한 문제가 있습니다. 즉, 현대인은 남녀 모두 자신이 '바꿀 수 없는＝대체 불가능한 존재'로서 존중받고 싶다는 강한 욕구를 품고 있다는 사실입니다. 상대방을 언제든지 대체할 수 있는 도구처럼 취급한다면, 상대방의 자존심이 상처 입는 건 시간문제겠죠. 관계는 금세 어긋나버립니다. 그런 상황에서는 누구나 "나는 물건 취급이나 받을 사람이 아니야, 무엇과도 바꿀 수 없는 귀중한 존재라고!"라는 생각이 떠오를 테니까요.

그의 어떤 점이 좋아서 결혼하고 싶은가

"우리 꼭 부부 같다, 그치?" 하고 슬쩍 찔러보면서 남자 친구가 "맞아. 우리 결혼할까?"라고 대꾸하기를 기대할 수도 있겠지만, 글쎄요. 안됐지만, 당신과의 결혼에 어떤 뚜렷한 장점이 없다면 남자 친구는 프러포즈하지 않을 겁니다.

수동적으로 기다리기만 해서는 아무것도 얻을 수 없죠. 게다가 프러포즈는 무조건 남자가 해야 한다고 정해져 있는 것도 아니고요. 그토록 결혼이 하고 싶다면 당신이 먼저 프러포즈하면 어떨까요? "나랑 결혼해줘!"라고 말하면 될 텐데. 하지만 프러포즈를 하기보다는 받는 편이 여자로서 자존심을 지킬 수 있다고 생각하기에 그러지 않는지도 모르겠군요.

서른 살이 되기 전에 결혼하겠다고 혼자 앞서 나가기 전에 잠시 멈추고, 그 사람의 어떤 면 때문에 평생을 함께하고 싶은지, 먼저 자신의 생각부터 정리해보세요. "나는 당신의 이러이러한 점들이 좋아서, 당신이 아니면 안 돼!"라고 설득력 있게 상대방에게 어필할 수 있나요? 만약 그렇게 할 수 있다면 남자 친구도 "아, 이 여자한테는 내가 아니면 안 되는구나, 그래서 이 여자는 나하고 꼭 결혼하고 싶은 거구나" 하고 이해하겠죠. 물론 남자 친구의 생각도 당신과 비슷할지 어떨지는 별개의 문제겠지만.

결혼은 두 사람이 평생을 함께하겠다는 약속입니다. 평생을 함께 보낼 상대의 좋은 점을 한두 가지도 꼽지 못하고 무턱대고 결혼부터 해버린다면, 그 결혼 생활은 오랫동안 지속되지 못할 가능성이 크겠죠.

버릴 수 있어야 행복해진다

이제 남자 친구의 입장에서 이 문제를 생각해봅시다. 그는 왜 결혼을 피하고 있을까요? 아직은 결혼할 시기가 아니라고 생각하는 걸까요? 아니면, 지금 당장 결혼해서 당신을 다른 남자에게 빼앗기지 않고 싶을 정도로 당신에게 집착하지 않기 때문일까요?

짧은 사연만으로는 정보가 부족해서 잘 모르겠습니다만, 아마도 둘 중 어느 것도 아닐 겁니다. 남자 친구는 회사 일로 눈코 뜰 새 없이 바쁠지도 모릅니다. 아니면 이직을 염두에 두고 열심히 경력을 쌓아가는 중요한 시기에 있는지도 모릅니다. 그렇다면 갑자기 가정이나 아이가 생기는 것이 곤란할 수도 있겠죠. 그러니 조금 기다려주는 여유를 갖는 것이 좋겠습니다.

다만, 당신이 보낸 사연을 보면 남자 친구에 대한 정보가 별로 없는 게 마음에 걸립니다. 어쩌면 실제로 당신이 그를 잘 알지 못하기 때문인지도 모르겠네요. 두 사람 사이에 진지한 대화가 없거나, 아예 대화가 불가능한 상태는 아닌가요? 만약 그렇다면 매너리즘에 빠져 안주한 채 소통이 부족한 것이 두 사람 사이의 가장 큰 문제일 수도 있습니다.

이렇게 말하면 어떨까요? "난 당신과 결혼하고 싶어. 그런데 당신이 지금 결혼할 상황이 아니라면 차분히 기다릴게" 혹은 "왜 당신은 지금 결혼할 수 없는지, 난 그 이유를 알고 싶어"라고 좀 더 깊은 대화를 하는 겁니다. 그러면서 상대방의 이야기에 귀를 기울이는 게 좋겠죠. 이런 과정에서 남자는 '상황이 안정되면, 이 여자와 결혼해야지' 하고 좀 더 분명하게 마음먹을지도 모르죠.

물론 다른 대답이 나올 수도 있습니다. 결혼할 생각은 있지만, 안타깝게도 당신과는 결혼할 마음이 없다고 사실대로 이야기할 수도 있겠죠. 생각하기 싫겠지만, 남자 친구는 그런 사실을 밝히기가 두려워 결혼에 대해 진지하게 이야기하기를 피하는지도 모릅니다. 곤란한 상황을 적당히 얼버무려 작은 자존심이나마 지키려고 애쓰는지도 모릅니다.

만약 당신이 진심으로 결혼을 서둘러야겠다고 생각한다면, 남자 친구에게 결혼하고 싶다는 의사를 분명히 밝히세요. 거절당한다면 일찌감치 단념하고 어서 다른 상대를 찾는 편이 낫지 않을까요?

당신이 자기 생각을 분명히 밝히기를 두려워하는 이유는 자존심이 너무 강하기 때문입니다.

자존심이 방해가 돼서 자기 마음을 제대로 알리기보다는 "우리 꼭 부부 같다, 그치?" 하는 식으로 변죽만 울리며 남자 친구의 마음을 떠보는 말만 계속하고 있는 거죠. 직설적으로 결혼하고 싶다고 말하는 건 당신의 자존심이 허락하지 않기 때문에 그렇습니다.

그렇다고 이런 상황을 언제까지나 그대로 내버려 둘 수는 없잖습니까? 자신에게 되도록 솔직해지고, 어떤 결과가 기다리고 있더라도 남자 친구의 이야기를 들어보세요.

그 알량한 자존심을 버리는 순간, 앞으로 한 걸음 나아가게 될 테니까요.

합장.

특강 6. 질투

'내가 최고'라는 마약의 위험성

사랑은 이 세상에서 오직 한 사람만을 선택해서 특별하게 여기는 강력한 차별입니다.

사랑이 달콤한 이유는 그 대상이 내가 세상에서 가장 좋아하는 사람이고, 그 사람이 나를 좋아하면, '내가 세상에서 가장 좋아하는 사람이 세상에서 가장 좋아하는 사람'이 바로 내가 되기 때문입니다.

자기가 '최고'라고 생각하는 것만큼 뇌신경을 강렬하게 자극하는 것도 없습니다. 실제로 코카인 등 위험한 마약을 흡입할 때와 똑같은 쾌감 물질이 뇌 속에 분비됩니다. 그래서 누구나 '내가 세상에서 가장 좋아하는 사람'이 '나를 세상에서 가장 좋아하느냐'는 문제에 무척 신경을 쓰게 되는 거죠.

만약 사랑하는 사람이 나를 더는 좋아하지 않는 것 같다는 의심이 들면, 당연히 불안하고 괴롭습니다. 쾌감 물질을 만들어내서 '내가 최고'라고 생각하고 싶지만, 그럴 수 없으니 고통이 찾아오는 겁니다. 그래서 사랑에 빠진 사람은 사랑하는 사람이 나를 세상에서 가장 좋아한다는 사실을 증명하는 신호 같은 걸 애타게 원합니다. 예를 들어 다른 사람들에게는 쌀쌀맞지만 나한테만은 다정하고, 나와 한 약속만은 꼭 지키고, 마음을 담은 메시지를 내게만 보내주고, 다른 일이 있어도 나와의 데이트를 우선하고, 잠자리에서도 자기 멋대로 하지 않고 나를 배려해주고 기분 좋게 해주려고 애쓰는 등 나만 특별 대우를 받고 있다고 생각하면, 앞서 말한 뇌의 쾌감 물질이 많이 분비돼 큰 기쁨을 느낍니다.

그런데 문제는 이런 기쁨도 버릇이 되면 질투가 심해진다는 데 있습니다. 좋아하는 사람이 다른 사람에게 호감을 보이거나, 호의를 베푼다는 걸 알게 되면, "혹시 내가 최우선 순위가 아닐지도 몰라" 하는 불안감이 생깁니다. 결국, 사랑받는 쾌감을 너무 많이 맛보면 독점욕이 생긴다는 겁니다. 그래서 자신 이외의 이성 친구들과 사이좋게 지내는 것만 봐도 화를 참지 못합니다. 질투의 화신이 돼서 분노를 터뜨리는 추한 인간으로 변해버리고 말죠. 심지어는 문자 메시지에 회신을 늦게 보내는 것만으로도 기분이 언짢아져서 싸움을 거는 등 관계가 악화됩니다.

이 모두가 머릿속에서 생성되는 '쾌감'이라는 마약에 중독돼 일어나는 현상입니다. 행복한 연애를 위해서는 '내가 최고'라는 이름의 마약에 중독되지 않도록 하는 것이 매우 중요합니다.

그리고 자신이 어떤 상황에 놓여 있는지를 알고 있다면, 상대방도 똑같은 상황에 놓여 있다는 사실을 의식해야 합니다. 소중한 연인이 '나는 그 사람한테 일 순위가 아닐지도 몰라……' 하는 생각으로 고통스러워하지 않도록 조금이라도 '특별 대우'를 해주는 게 좋겠죠.

좋아 좋아.
착하구나.

고민상담

11. 나를 바꾸고 싶어요

3년간 사귄 남자 친구에게 차였습니다.

저와 함께 있으면 자유가 없고, 마음까지 메말라 버리는 것 같다고

합니다. 사귀기 전이 훨씬 좋았다고 하더군요.

충격이었습니다. 오랜 세월 사귀는 동안 제가 좀 제멋대로

굴기는 했지만, 저는 솔직하게 감정을 나누고 있다고 생각했습니다.

남자 친구가 저를 정말 좋아해서 뭐든 받아준다고 믿었죠.

하지만 스스럼없이 아무 말이나 했던 게

그에게는 무거운 부담이 됐나 봅니다.

때로는 강한 요구나 협박으로까지 들렸다고 하네요.

이제 그 사람을 깨끗이 잊고, 새로운 사랑을 하고 싶습니다.

그런데 또 이렇게 끝날까 봐 두렵습니다.

(29세, 회사원)

자신이 변하지 않으면 새로운 사랑을 만나도 마찬가지다

사랑하는 사람에게 차이면 충격이 큽니다. '나한테 문제가 있어 우리 관계가 끝났다'는 자책감과 후회가 가슴을 죄기 때문이죠.

차인 후에 혼자 보내는 '독신 기간'은 매우 중요합니다. 자신의 '잘못된 점'을 돌아보고 고쳐야만 다음에는 이전보다 나은 상태로 새로운 상대를 만날 수 있으니까요. 하지만 자신이 변하지 않는다면, 다음번에도 좋지 못한 마음의 파장이 떠나간 연인을 닮은 상대를 끌어들여 또 비슷한 일을 겪게 할 확률이 높습니다. 새로운 사람과의 관계가 이전과 똑같은 방식으로 끝나기를 원치 않는다면, 자신의 성격을 근본적으로 뜯어고치지 않으면 안 됩니다.

이러이러한 사람을 좋아하는 성향과 그 사람에게 이러이러한 걸 요구하는 성향과 그 요구가 충족되지 않으면 험악한 표정으로 언짢은 소리를 하며 위협적으로 대하는 성향을 그대로 두면 아무것도 달라지지 않습니다. 언뜻 보면 새로운 남자 친구는 이전 연인과 외모나 성격 등 모든 면에서 다른 것 같지만, 결국은 정신적으로나 육체적으로 비슷한 사람에게 끌리게 마련이어서 또다시 이전과 비슷한 상황이 벌어지게 됩니다.

그러니 곧바로 '다음 상대'를 만나지 말고, 자신을 변화시키고 나서 다른 사람을 찾겠다는 마음의 준비를 하세요. 그리고 이전 연애에서 드러난 여러 문제점을 돌아보면서 자신을 스스로 점검해보는, 혼자만의 시간을 갖는 게 좋습니다.

갈등이 고통을 부른다

당신은 이별을 상대방의 탓으로 돌리지도 않고(표면상으로는) 상대방에게 막무가내로 집착하지도 않는 것 같군요. 얼핏 보면 아무 문제도 없는 것 같습니다만, 딱 하나 신경 쓰이는 게 있습니다. 상대방에게 어떤 말을 할 때 조심하지 않은 건 당신 잘못이 아니라는 뉘앙스가 짙게 풍긴다는 점입니다. '악의 없이 한 말인데, 그에게는 그게 무거운 부담이고, 강요고, 협박으로 들렸다니 억울하다!'는 한탄의 소리로 들리는군요. 겉으로는 "내가 잘못했어. 변하고 싶어"라고 하면서, 속으로는 "나는 잘못한 게 없는데, 그 사람이 잘못 받아들인 거야. 이번에는 그러지 않는 사람하고 사귈 거야"라고 생각하는 것 같습니다. 당신은 변할 마음이 없는 것처럼 보입니다. 헤어진 연인을 빨리 잊고, 새로운 연애를 시작하고 싶어 하는 사람 같군요.

"나를 변화시키지 않으면 똑같은 결말을 맞게 될 거야. 그러니 내가 변해야 해"라는 생각과 "그래도 변하고 싶지 않아"라는 생각이 교차하면서, 이 모순된 욕구의 갈등이 당신을 고통스럽게 했을 겁니다.

영어 속담에 이런 말이 있습니다. "You can't have your cake and eat it." 먹는 순간, 케이크는 눈앞에서 사라져버리기 때문에 케이크를 갖고 있는 것과 먹는 것은 양립할 수 없습니다. 결국 적당한 지점을 택해서 양립시킨다고 해도, 상반된 것들은 동시에 성립할 수 없다는 겁니다.

변화하고 싶지 않지만, 비슷한 결과로 끝나는 건 싫어.

변화하면 같은 결말은 피하겠지만, 변화하고 싶지 않아.

"당신은 잘못한 게 없어요." 결국, 당신은 이 말을 듣고 싶은가
요? 아니면 "당신은 지금 그대로도 괜찮아요. 분명히 지금의 당신에게
어울리는 상대가 나타날 테니까요"라는 말을 듣고 싶은가요?

유감스럽게도 저는 그렇게 말할 수 없겠네요. "나는 잘못하지
않았어!" 하는 생각, 스스로 옳다고 고집하는 '견(見)[8]'의 번뇌(煩惱)야
말로 당신을 늘 타인과 충돌하게 하고, 불행하게 할 게 뻔하기 때문입
니다.

일방적인 전달은 소통이 아니라 압박이다

이번 사연을 읽으면서 마음에 걸렸던 점은, 글을 통해 읽는 사
람으로 하여금 "솔직하게 감정을 전달하는 걸 나쁘다고 할 수는 없잖
아. 당신은 나쁘지 않아"라고 생각하도록 유도하고 있다는 점입니다.
결국 '내가 옳다'는 생각을 '내가 나빴다'는 뉘앙스로 교묘하게 감추
면서 자신이 옳다고 주장한다는 겁니다.

---

8) 불교에서 근본 번뇌라고 이르는 탐(貪, 욕심), 진(瞋, 성냄), 치(癡, 어리석음), 만(慢, 거만), 의(疑, 의심), 견
(見, 그릇된 소견) 등의 6번뇌 중 하나.

그런데 문제는 당신이 남자 친구에게도 이와 똑같은 전략을 구사했을지도 모른다는 점입니다. 자신이 옳다는 배경에는 자기주장을 밀어붙이는 여러 가지 요구가 있었으리라고 추측해봅니다. 예를 들어 '결혼하고 싶다'는 강요, '다른 여자를 만나지 말라'는 강요, 혹은 '나를 혼자 두지 말라'는 강요 등이 있었겠죠. '내 말대로 하지 않을 바에는 헤어지자'는 식으로 말했을지도 모릅니다. 당신은 자기 기분을 솔직하게 전달한 것뿐이니, 이런 행동을 나쁘다고 생각하지는 않았겠죠. 그런데 남자 친구가 '협박당하는' 기분을 느꼈다고 하니, 황당하고 서글펐을 겁니다. 물론 상대방에게 솔직하게 감정을 전달하거나 거리낌 없이 이야기하는 건 일반적인 남녀 관계에서 자연스러운 일이라고 생각했을 수 있습니다.

남녀가 각자 자신의 감정을 숨기고, 상대방이 뭘 원하는지 모르는 이유는 소통이 잘 되지 않기 때문입니다. 반면에 무엇을 좋아하는지, 어디를 어떻게 해주면 좋은지를 솔직하게 이야기하는 건 관계를 오래 지속하는 비결이기도 합니다. 다만, 거기에는 '서로', '다정하게' 해야 한다는 전제가 붙습니다. 서로를 배려하고 상대방이 상처 받지 않게 솔직한 감정을 잘 전달하는 관계여야 한다는 거죠.

당신의 남자 친구는 정말 솔직하게 모든 걸 털어놓을 수 있었을까요?

"그런 식으로 말하면 마음이 무거워져서 괴로워."

"부담스러우니까 그런 말은 하지 말아줘."

남자 친구가 이런 식으로 좀 더 일찍 털어놓았더라면 좋았겠죠. 당신 또한 그런 이야기를 귀 기울여 들어줬더라면 좋았을 텐데, 그러지 못한 것 같군요. 결국, 당신은 남자 친구가 헤어지자고 할 때까지 그가 무슨 생각을 하고 있는지 전혀 이해하지 못했던 겁니다. 3년이 지나도록 아무 말도 하지 못했던 건 아마도 당신의 남자 친구가 너무 순진한 탓인지도 모릅니다. 설령 그렇다고 해도 당신이 조금 더 일찍 알아차리고 진솔한 의사소통을 시도했더라면 이런 지경에까지 오지 않았을지도 모르겠군요.

남자 친구도 당신과 별반 다르지 않았을 겁니다. "이렇게 해줬으면 좋겠어", "이렇게 하지 말아줬으면 좋겠어" 하는 생각이 당연히 들었을 겁니다. 단지, 당신이 곧바로 알아차리기 어려운 방식으로 표현했겠죠. 당신은 그런 걸 전혀 살피지 않고 자기 기분만 알아달라고 했으니, 결국 도망쳐버리는 수밖에 없었을 겁니다.

어쩌면 당신은 '솔직함'의 의미를 오해하고 있는지도 모르겠네요. '솔직함'이란 상호적으로 성립하는 겁니다. 성숙한 어른 사이의 솔직한 만남에는 상대방의 기분을 잘 살피면서 자기 기분을 전하는, 상호 '조율'의 측면이 있습니다. 어쩌면 당신의 솔직함이 너무 일방적이었던 건 아닐까요?

내 안에서 울부짖는 아이의 목소리에 귀 기울여라, 사랑의 상처 치유법 1

그렇다면 같은 잘못을 반복하지 않는 방법은 무엇일까요?

갑자기 "상대방의 기분을 잘 이해하는 성숙한 어른이 되라"고 한다면 현실적으로 그렇게 하기는 참 어렵죠. 헤어진 직후인 만큼 아직은 마음을 진정하지 못한 상태일 수도 있겠네요. 마음을 다잡지 못하고 있으니 자꾸 생각나겠죠. "나는 솔직했던 것뿐인데, 그저 내가 느낀 감정을 전달하고 싶었을 뿐인데, 내 뜻을 곡해하고 내가 협박했다고 오해하고, 자기 마음대로 해석해버리다니 정말 너무해!"라면서 억울해하겠죠. 한동안 그런 생각을 계속하게 될 겁니다.

당신이 이렇게 지난 일을 곱씹게 하는 것의 정체는 뭘까요? 그건 바로 '자기 정당화'입니다. 그래서 두 사람 관계가 파경으로 끝났지만, 그래도 자신이 옳았다며 끝까지 고집을 부리는 거죠. 사실은 '내가 옳다'고 주장하는 바로 그 집착 때문에 문제가 있었음에도 끝내 그 집착을 버리지 못합니다. 정말 무서운 뇌내 반복입니다. 뇌내 반복이 왜 무서우냐면 그로 인해 "역시 나는 옳아. 틀리지 않았어"라는 메시지가 마음속에 새겨지고 나날이 단단해지기 때문입니다. 이럴 때에는 마음속에 있는 '아이'를 달래줘야 합니다. "나는 옳은데, 도대체 왜!" 하는 생각이 들 때마다 "아아, 내가 옳다고 생각하고 싶었구나", "내가 끝내 제멋대로 굴고 싶었구나", "내가 나쁜 게 아니라, 그가 이상하게 받아들였다고 믿고 싶었구나" 하고 스스로 깨닫도록 해보세요.

싫은 감정이 튀어나올 때마다 자기 안에 있는 아이를 "이런, 한심한 녀석!" 하는 느낌으로 받아들이며 토닥여주거나, "어린아이처럼 나보다 상대방 쪽에서 잘못을 찾으려고 애쓰고 있구나" 하고 스스로 인정하세요.

그렇게 한동안 남자 친구를 잊지 못하는 사이사이 반복해서 떠오르는 부정적인 감정을 하나씩 정리하세요. 그것들을 스스로 인지하고, "내가 이런 왜곡된 마음으로 자기 정당화를 하고 있었구나" 하고 깨달아가는 과정에서 '내가 옳다'고 우기는 유아적인 감정은 서서히 사라질 겁니다. 그러면 "내가 옳았단 말이야!" 하고 울부짖던 아이는 "그래, 이제 알겠어" 하고 점점 어른으로 성숙해갈 겁니다.

이럴 때 심리 상담사를 찾아가 '당신이 전적으로 옳다'는 따위의 기분 좋은 말을 듣는다면, 울고 있는 아이는 철이 들기는커녕 더 심한 응석받이가 돼버립니다. 상담을 요청하는 사람의 마음에는 '당신이 옳다'고 인정받고 싶은 욕구가 있어서, 자기 생각대로 말해줄 사람을 찾게 됩니다. 하지만 정말 필요한 건 '네 말이 맞다'고 인정해주는 게 아니라, "너는 제멋대로 생각하고, 외로워하고, 마음은 옹졸하구나. 하지만 네 심정은 이해하겠어"라고 받아들여 주는 겁니다.

다른 사람이 어떻게 해줄 수는 없습니다. 당신 스스로 내면에 숨어 있는 아이를 끌어안고 어른으로 성장하게 도와줘야 합니다. 아이를 달래서 울음을 그치게 해주세요. 그렇게 해서 자기 생각만을 내세우던 마음이 진정되면, 헤어진 사람과 거기에 달라붙어 있는 나쁜 감정도 서서히 잊을 수 있습니다. 시간은 걸려도 이런 과정을 거치면,

어느 순간 더는 남자 친구를 떠올리지 않는 당신을 발견하게 될 겁니다. 그리고 자신이 옳았다거나, 그가 나빴다는 생각에 휘둘리지 않는 평정이 찾아옵니다. 그렇게 마음의 병을 스스로 치유하고 나서 다음 사람을 만나면 분명히 좋은 결과를 얻을 겁니다.

부정적인 감정을 하나하나 직시한다, 사랑의 상처 치유법 2

지금 말씀드리는 건 실연의 아픔만이 아니라 모든 부정적인 감정을 진정시키고, 자신을 깊이 인식하는 근본적인 방법입니다. 부정적인 감정이 생길 때마다 그걸 직시하고, 집중해서 거기서 벗어나는 거죠. 이건 불교에서 말하는 '번뇌'의 범주를 이용한 방법입니다.

이제까지 상대방에 대한 어떤 '욕구'가 있었다면, 먼저 그걸 글로 써봅니다. 이런 욕구가 있었고 저런 욕구가 있었으며, 사실 자신의 의도는 이런저런 것이었는데 상대방도 그걸 알아주기 바랐다고 솔직하게 쓰는 겁니다.

그리고 자신이 느끼는 '분노'를 구체적으로 써봅니다. "내 말은 들어보지도 않고 일방적으로 결정을 내리다니 너무해"라든가 "좀 더 일찍 솔직하게 말해줬으면 좋았을 텐데 갑자기 이별을 통보하다니 비겁해"라는 등 자기 속내를 솔직하게 털어놓는 겁니다.

마지막으로 자기 마음속에서 아직 정리되지 않은 '혼란'스러운 감정을 씁니다. 그런 다음, 앞서 말한 욕구, 분노, 혼란 가운데 가장 심각한 내용을 골라 한 번 더 씁니다. 이렇게 정리된 자신의 감정을 분명히 확인하는 거죠.

이렇게 적어놓은 내용은 바로 자신의 연애에 새겨진 온갖 상처입니다. 그걸 하나하나 인정하고 모두 받아들여 보세요. 바로 그게 사랑의 상처를 치유하는 과정입니다.

욕구, 분노, 혼란은 우리 인간이 겪는 고통의 근원으로 세 가지 번뇌인 탐(貪), 진(瞋), 치(癡)입니다. 이른바 삼독[9]이 가시화한 형태죠. 부정적인 감정을 직시하기는 말처럼 쉽지 않겠지만, 일단 인정하고 나면 그것에 휘둘리는 정도가 많이 줄어들 겁니다.

합장.

---

9) 三毒: 불교에서 말하는 근본 번뇌 중 모든 괴로움의 원인이 돼 해탈을 방해한다는 세 가지 번뇌. 탐(貪, 욕심), 진(瞋, 성냄), 치(癡, 어리석음)를 말함.

생각의 틀을 녹이는 화학반응

사랑의 힘이 정말 대단하다고 생각하게 되는 계기가 있다면, 평소 같으면 엄두도 내지 못할 일을 사랑하는 사람을 위해서 거침없이 해내는 모습을 보았을 때입니다. 저의 개인사를 들먹여 죄송합니다만, 제가 예전에 만나던 여성의 경우가 바로 그랬습니다.

둘의 관계가 깊어지기 시작할 무렵, 그녀는 엄청난 정성과 시간을 들여 만든 도시락을 들고 약속 장소에 기모노를 입고 나온 적이 있습니다. 듣기로는 그날을 위해 기모노 입는 법을 배웠고, 요리도 열심히 배워서 도시락을 만들었다고 합니다. 이처럼 평소에는 기대할 수 없는 힘을 이끌어내는 게 바로 사랑의 묘미 중 하나겠죠.

당시에 저는 남녀 단둘이 하는 여행을 별로 좋아하지 않았지만, 그녀가 원한다면 함께 여행하고 싶은 마음이 들었습니다. 그리고 거기에 생각지 못했던 즐거움이 숨어 있다는 사실도 알게 됐죠. 제 상식에도 맞지 않고, 평소 제 생각의 틀을 부수는 행동이어서 괴로우리라고 지레짐작했지만, 오히려 마음은 편안했고 새로운 저의 모습을 발견하는 즐거움이 있었습니다.

평소에 '이게 맞다'고 생각하는 틀에서 빠져나오기는 좀처럼 쉽

12. 언제나 애프터가 없어요

다들 처음에는 저보고 데이트하고 싶다고 하는데,
늘 그걸로 끝이에요. 저는 옷도 단정하게 입는 편입니다.
주로 흰색 계통의 원피스를 입고, 데이트할 때에는 평소와 달리
속눈썹도 붙여요. 제 입으로 말하기는 쑥스럽지만,
저는 외모도 괜찮거든요. 연애 지침서도 사 읽고,
여성스러운 행동이나 표정도 연구하고, 남자가 좋아할 만한
화젯거리를 수집해서 외워둡니다. 그러면 너무 완벽해 보일까 봐
일부러 허술한 틈도 보이죠. 식사가 끝나고 계산할 때에는
저도 지갑을 꺼내고, 집에 돌아가서는 데이트 상대에게
고마웠다는 문자 메시지도 보냅니다. 저는 제법 잘하고 있는 편이고,
제 인상도 그리 나쁘지도 않을 텐데, "다음에 또 봐요" 하는
메시지만 오고 애프터 신청이 없습니다.
아무래도 제가 남자 보는 눈이 없는 걸까요?
애프터 신청을 받는 방법 좀 알려주세요.

(27세, 회사원)

자신을 상품화해서 팔려고 하면 남자들은 달아난다

하하, 이 대목이 재미있네요. "연애 지침서도 사 읽고, 여성스러운 행동과 표정도 연구하고, 남자가 좋아할 만한 화젯거리도 수집해서 외워둡니다."

이제 이런 노력은 그만두는 게 좋지 않을까요?

어찌 보면 당신은 자신을 아름다운 상품으로 진열해놓고 팔기 위해 노력하는 사람 같군요. 한데 당신이 집요하게 '팔려고' 할수록 손님 입장에서는 귀찮을 뿐이겠죠? 마치, 옷가게에서 "손님한테 정말 잘 어울리는 옷이네요" 하면서 어떻게든 팔아보겠다고 애쓰는 점원을 보면 마음이 불편해져서 달아나고 싶은 사람처럼, 아마 상대방 남자도 비슷한 기분이 들 겁니다.

생각대로 잘 풀리지 않아서 아쉽다고 한 걸 제외하면 "저는 제법 잘하고 있는 편이고, 제 인상도 그리 나쁘지 않다"고 본인 자랑을 더 많이 쓰셨네요.(한마디로 '나는 옳다'는 '견'의 번뇌가 작렬하고 있군요.) 외모도 괜찮고, 데이트할 때 예의 바르게 비용도 나눠 내고, 데이트 후에는 사려 깊게 감사의 문자 메시지도 보내시는군요.

그렇게 보면 당신은 정말 완벽한데, 게다가 너무 완벽하게 보일까 봐 의도적으로 허점을 노출할 정도로 완벽한데, 왜 남녀 관계는 잘 풀리지 않는 걸까요?

남자들은, 당신이 계산한 대로 당신의 계획에 자신을 끼워 맞추려고 한다는 인상을 받았을 겁니다. 당연히 마음이 편하지 않았겠죠.

포장을 얼마나 잘 해냈든 결국 알맹이는 있는 그대로 공개되게 마련입니다. 다시 말해 당신이 자신을 얼마나 잘 꾸며냈든 실제로 어떤 인간인지는 자연스럽게 상대방에게 전달된다는 겁니다. '이리저리 잘 꾸며서 상대방을 현혹하려는 욕망이 강한 여성'이라는 본질이 드러나면 남자는 왠지 모르게 '싫은' 느낌이 들겠죠. 좀 더 구체적으로 말해볼까요? 남자들에게는 아마도 그런 당신이 거만하게 보였을 겁니다.

"나는 비싼 상품이야."

"나는 이렇게 완벽한 여자야. 누구보다 월등하지. 그러니 나를 비싸게 팔 거야."

이런 여자를 보면 역겹다는 기분이 들지 않을까요? 물론 당신은 여러 가지를 철저하게 고려해보고, 그대로 실행하지 않으면 못 견디는 성격이어서 그렇게 됐는지도 모르겠지만.

이렇게 자신을 상품화하는 경우를 남자들에게서는 비교적 찾아보기 어려운 것 같습니다. 하기야 전통적으로 여자에게만 그런 짐이 지워졌으니까요. 지금의 당신은 그런 전통에 세뇌당한 데다가, 자신이 나아가야 할 방향마저도 제대로 보지 못하고 있는 것 같습니다.

지침서 따위는 던져버리고, 마음의 속눈썹도 떼어버려라

그렇다면 어떻게 해야 좋을까요?

답은 간단합니다. 당신의 말이 사실이라면, 외모는 괜찮은 것 같으니 무언가 틀에 박힌 느낌, 상대를 현혹하려는 노력을 버리고, 자연스럽게 행동하고 평범하게 살면 됩니다. 여성스러운 행동과 표정을 연구하는 건 당신 자유지만, 혹시라도 그런 것들이 부자연스럽게 느껴져 상대방의 기분을 언짢게 한다면, 당신은 잘하고 있다고 생각해도 그 모든 게 실패할 가능성이 크겠죠.

자연스럽게 행동하라고 해도 당신은 지금까지 그런 갑옷을 계속 걸치고 있었으니, 어떻게 벗어야 할지를 모를 수도 있습니다. 갑자기 모든 걸 바꿀 순 없겠지만, 작은 것부터 시작해보세요. 예를 들어 데이트를 끝내고 돌아와 감사의 메시지를 보낼 때만이라도 지침서에는 없는 말을 보내는 정도로 시작해도 좋겠습니다. 그렇게 조금씩 갑옷을 벗다 보면, 나중에는 속눈썹도 떼게 되겠죠. 하하. 어쨌든 결혼하면 남편에게 속눈썹을 뗀 '생얼'을 보여줄 수밖에 없을 테니까요.

도구화되기를 필요 이상으로 싫어하는 이유

그런데 왜 사람들은 상대방이 자신을 팔려고 하는 태도를 싫어하는 걸까요?

상대방에게 이용당하는 게 싫기 때문입니다. 누구나 어릴 때 이런 경험을 한두 번쯤은 해봤을 겁니다. 저 또한 그런 적이 있죠. 친구가 전화를 걸었기에 "같이 놀자고 하려나?" 하고 기대했는데, 다른 친구의 전화번호를 알려달라고 합니다. 저는 번호를 알려주고 맥이 빠져서 쓸쓸한 기분으로 전화를 끊었습니다. 왜 기분이 언짢았을까요? 이럴 때 '나는 이용당하고 있고, 내가 중요한 게 아니라, 도구처럼 뭔가에 사용되는 듯한' 기분이 들기 때문입니다.

'옷'이라는 상품을 파는 행위도, '사람'이라는 상품을 파는 행위도 어떻게 보면 돈이든 애정이든 구매자인 나에게서 뭔가를 빼앗아가려는 시도처럼 느껴집니다. 그런 점에서 누군가의 이익을 위해 자신이 도구가 된 듯한 기분이 들어 기분이 나빠지는 겁니다.

누군가가 나를 원할 때, 내가 가진 뭔가가 아니라 순수하게 나만을 원해주기를 바라는 나르시시즘이 작동합니다. 하지만 현실 세계에서 그런 관계는 찾아보기 어렵죠. 왜냐면 '인간관계'라는 게 상대방에게서 이익을 —정신적인 것이든 물질적인 것이든— 얻으면 그 대가로 다시 상대방에게 이익을 주는 호혜 관계가 성립한다는 사실을 부정할 수 없기 때문입니다. 그러니 상대방이 있는 그대로의 자신을 무조건 긍정해주기를 바라는 건 유치한 소원이죠.

어찌 보면 당신은 상품을 파는 쪽이니 일단 남자를 도구화하지 않으려는 노력이 중요합니다. 반대로 당신이 도구화됐을 때 이를 수용한다면 그런 태도는 역설적으로 성숙의 징후일 수도 있습니다. 사실 타인을 도구화하려는 욕구는 누구에게나 있습니다. 그런데 나만 싫다고 외치는 건 유치한 반응입니다. 우리가 자주 이용하는 미용실이나 술집에서도 '상업적 의도에서' 당연히 고객을 칭찬합니다. 이런 상황에서 반응은 제각각이죠. 자신이 이용당하고 있다며 짜증 내는 사람도 있고, 좋아하는 사람도 있습니다.

제가 보기에는 이런 칭찬의 배경에 깔린 상업적 의도를 읽어내고 '솔직하게 좋아하는 사람'과 '화내는 사람', 그리고 의도를 읽어내지 못하고 '바보처럼 좋아하는 사람' 이렇게 세 종류의 인간이 있습니다. 물론 상업적인 의도가 엿보이더라도 차분하게 반응하는 사람의 마음가짐이 가장 좋겠죠.

인기 있는 사람과 인기 없는 사람 사이의 깊은 골

이야기가 옆길로 샌 김에 조금 더 해보죠. 어떤 사람이 인기 있고, 어떤 사람이 인기 없을까요? 제가 이런 이야기를 할 자격이 있는지는 잘 모르겠습니다만, 흠흠. 한마디로 말해 인기 있고 싶은 사람은 인기가 없습니다. 그런 사람은 대부분 좋은 평가를 얻지 못하죠. 물론, 요즘에는 남녀를 불문하고 외모만 뛰어나면 그 사람의 실속이야 어떻든 인기가 치솟으니, 이런 주장을 일반화하기는 어렵겠죠. 하지만 똑같은 외모라고 전제한다면 인기가 없는 쪽은 뻔합니다.

"난 참 예뻐."

"난 정말 멋져."

이렇게 계속 어필하는 사람입니다. 같이 있으면 불안해져서 그다지 함께하고 싶지 않죠. 주위를 한번 둘러보세요. 유치하게 차려입고 말재주를 부리면서 인기를 얻으려는 아저씨들이 여전히 있죠. 하지만 그런 사람들은 전혀 인기가 없습니다. 생각해보세요. 남자가 스스로 멋지다고 떠들어대는 이유는 인기가 없기 때문입니다. 그들이 인기를 얻고 싶어 하는 이유는 분명히 명예욕 때문일 겁니다. 많은 사람에게 인정받는 자신이 멋지다고 생각하니까요. 하지만 명예욕에는 잔혹한 측면이 있습니다. 명예욕은 누구에게나 있고, 다른 사람의 명예욕은 반드시 자신의 명예욕을 상처내기 때문이죠. 또한 명예욕이 강한 사람은 다른 사람의 평가에 의존해 살아가게 됩니다.

인기를 얻고 싶다면 사람들에게서 인정받고 싶거나 인기를 얻고 싶다는 감정을 잘라내는 게 좋습니다. 늘 자기 자랑을 하는 사람과 함께 있으면 자존심에 상처를 입기 때문입니다. 이와 반대로 다른 사람들이 당신과 자존심을 겨루고 싶다는 생각을 하지 않게 겸손하고 침착한 모습을 보인다면, 그들에게 존경과 동경, 애정 같은 긍정적인 감정을 불러일으킬 겁니다.

인기에 연연하지 않는다는 건 타인의 평가에 의존하지 않고 자기 생각대로 살겠다는 걸 의미합니다. 그런 경우, 다른 사람들에게까지 애정을 나눠줄 여유가 없습니다. 그래서 오히려 인기가 있죠. 인기 있는 사람은 함께 있는 사람들을 '소유하고 싶은 욕구, 인정받고 싶은 욕구, 사랑받고 싶은 욕구'로 가득 차게 합니다. 자존심을 겨루는 갈등도 겪지 않고, 애정을 나눠주지도 않는 이 사람한테 사랑받고 인정받는다면 그들 자신의 내면도 채워지리라는 환상을 품기 때문이죠. 결국, 인기라는 건 다른 사람의 사랑과 인정에 목마른 사람들, 누군가에게 의존하고 싶어 하는 사람들이 타인에게 기대는 현상이라고 말할 수 있겠네요. 너무 직설적인가요?

이처럼 얼굴과 신체 조건 등이 비슷하다고 전제할 때 여러 사람 중에서 유독 한 사람만 인기를 끈다는 건 그의 '자립성'과 관계가 있습니다. 그러니까 인기가 없어도 상관없다는 태도를 보여주지 않으면 인기를 끌지 못한다는 거죠. 인기가 없어도 상관없다고 생각하면 실제로 인기를 얻어도 별로 기쁘지 않겠죠. 인기가 있어도 기쁘지 않다면 그에게는 인기라는 게 그다지 의미가 없을 겁니다.

하지만 반대의 경우, 인기 있는 자신이 대단하다는 생각이 들어서 기뻐하다 보면 자연스럽게 더 큰 인기를 얻고 싶어 할 테니 인기가 전보다 떨어지겠죠. 그것참, 어려운 문제군요.

어찌 됐든 인기를 바라는 감정은 '많은 사람한테서 받은 좋은 평가로 나의 가치를 높이고 싶다'는 욕망에서 비롯합니다. 그리고 욕망이 강렬해지면 필연적으로 누군가 특정한 사람을 소중히 여기는 감정도, 한 사람만을 온전히 사랑하는 힘도 약해지겠죠. 그래서 호감을 품기 시작한 상대가 인기를 바란다는 사실을 알게 되면, 그런 사람과 사귀기 싫어집니다. '나를 소중하게 여기는 게 아니었구나, 그저 많은 사람에게 좋은 평가를 받고 싶은 것뿐이었구나, 이 사람은 일대일의 관계보다는 여러 사람에게 사랑받기를 바라는구나'라고 생각하기 때문입니다. 하지만 이런 사람은 결과적으로 인기가 없어요.

당신의 경우도 여기에 해당하는 건 아닌지 잘 생각해보세요.

합장.

13. '여자 친구'로 끝나게 돼요

사귄 지 1년. 최근 남자 친구가 '헤어지는 게 서로를 위해
좋을 것 같다'고 해서 고민스럽습니다. 사귄 지 1년이 넘도록
관계가 진전되지 않고, 결혼할 것 같지도 않아요.
남자 친구는 결혼을 진지하게 생각하고 있어요.
그런데 몇 달에 한 번씩 싸우고 헤어지자고 하니
결혼해도 다툼이 끊이지 않을 것 같다며 헤어질 결심을
한 것 같아요. 저도 결혼할 생각이 없던 건 아니에요.
남자 친구를 만나면서 "이 사람하고 결혼해도 되겠지?"
하는 마음이 들었고, 함께 있으면 즐거웠으니까요.
'여자 친구'로 끝나고 결혼까지 가지 못하는 사람의
잘못된 점은 무엇일까요?

(30세, 회사원)

결혼의 필수 조건은 단 하나다

여자 친구로 끝난다는 건, 놀 때는 불러서 함께 즐기지만 결혼의 '결' 자도 꺼내지 않고 혹시라도 결혼할 의향이 있는지 넌지시 물어보면 얼렁뚱땅 얼버무리는 남자와의 관계를 가리키는 말입니다. 남자 친구가 결혼을 진지하게 생각하고 있다는 당신의 사연은 이 경우와는 달라 보이는군요.

어느 정도 결혼을 전제로 하고 있는 건 사실이지만, 자꾸 싸우기만 하니 이제 그만 헤어지는 게 낫지 않을까, 고민한다는 거죠. 이런 상황을 고려해서 결혼에 골인하기 위한 조건이 무엇이냐는 질문에 대답한다면, 가장 중요한 건 서로 편한 마음으로 긴장을 풀 수 있어야 한다는 겁니다. 오래 사귀면서 서로 티격태격하지 않고 편안하게 지낼 수 있을지를 충분히 확인할 수 있었다면 혼담이 진행돼도 안심할 수 있겠죠. 이게 바로 결혼에 필요한 최소 조건입니다.

매일 같은 침대에 누워 마음 편히 잠들 수 있는지, 함께 밥을 먹는 따뜻한 시간을 공유할 수 있는지, 그렇게 평생토록 이어지는 평범한 일상을 늘 편안하게 누리는 행복을 느낄 수 있다는 확신이 선다면, 결혼해도 좋을 겁니다.

사실 이것만으로도 충분하지만, 요즘 사람들은 거기에 설렘, 두근거림, 자극, 흥분 같은 부가적인 조건들을 잔뜩 덧붙이는 게 문제죠. 다행히 당신의 경우에는 절대 조건도 부가 조건도 덜 위험한 것들이군요.

먼저 당신의 남자 친구가 다른 여자를 좋아할 가능성이 크다는 사실을 말해야겠군요. 당신과 헤어지고 나서 새로운 사람을 만날 가능성보다 당신이 곁에 있지만 불안정한 상태에서 다른 여자를 좋아하게 될 가능성이 훨씬 더 커 보입니다.

사람들은 사랑을 통해 쾌감을 얻고 싶은 충동을 느끼지만, 현실의 연인에게서는 얻을 수 없다고 판단할 때 새로운 사랑이 하고 싶어집니다. 사귀는 사람이 없거나, 있더라도 너무 편한 사이라면, 그 충동은 훨씬 강해지죠. 그런 상황에서 자신을 잘 이해해주고 자기 말에 귀 기울여주는, 삶의 새로운 활력이 되는 사람이 생기면 평소보다 훨씬 쉽게 그에게 빠져버립니다. 당신의 남자 친구도 예외가 아니어서 그런 여자와 바람을 피울 수도 있고, 심지어는 당신을 버릴 수도 있겠죠.

결혼까지 가는 관계와 가지 못하는 관계

문제는 당신이 애초부터 남자 친구를 두고 '연애만 할 사람', '결혼까지 할 사람'으로 구분하는 발상 자체에 있습니다. 이건 개념이 잘못된 겁니다. 결혼은 개인의 문제가 아니라 관계의 문제입니다. 연애만 하는 사람이 아니라 연애로 끝나는 관계와 결혼으로 발전하는 관계에 대해 물었어야 합니다. 결국, 문제는 사람 사이의 조합이라고 할까요?

자, '나'라는 한 사람이 있습니다. 나는 A와 있으면 그의 단점을 쉽게 발견하지만, B와 있으면 그의 단점이 잘 보이지 않습니다. 나와 있으면 B도 내 단점을 제대로 보지 못하지만, A는 내 단점을 금세 집어냅니다. 이처럼 문제는 A나 B가 아니라 나와 그들 사이의 조합입니다. 게다가 시간의 경과에 따른 변화의 문제도 있습니다. 연애 초기에는 서로를 불편하게 여기지 않지만, 세월이 흐르고 관계가 계속되면서 이기적으로 변해가죠. 상대방에게 양보한다거나 예의를 갖추는 일들을 잊어버리곤 합니다. 두 사람이 살아온 역사도 관계에 영향을 미치게 되니까요.

중요한 건 개인이 아니라 관계라는 걸 구체적으로 이야기해봅시다. 사귀기 시작한 두 사람이 첫 대면에서부터 상대방을 불편하게 할 리는 없으니, 결국 함께 살면서 점점 불편한 관계가 됐다고 말할 수 있습니다. 이걸 다른 말로 하자면 상대방의 싫은 면을 끌어내기가 쉬워졌다는 거죠. 하지만 반대로 보면 상대방에게서 좋은 면을 이끌어내며 좋은 관계를 이어갈 수도 있었을 텐데, 그러지 않았다는 겁니다.

내가 먼저 '나쁜 연기'를 '좋은 연기'로

불교에서는 이를 '연기'[10]라고 합니다. 인연이 겹겹이 쌓여서 결과를 낳습니다. 사람들은 흔히 '연기가 좋다'[11]고 말하지만, 원래는 어

---

10) 緣起: 모든 과보(果報)는 인연에 따라 일어난다는 것을 뜻한다. 세상의 모든 사물이나 현상이 무수한 원인과 조건의 상호 관계를 통해 일어난다는 것을 이르는 말이다.
11) 緣起がいい: 재수가 좋다는 뜻.

떤 원인이 어떤 결과를 낳고, 또 다른 어떤 원인이 또 다른 결과를 낳아 이런 것들이 계속 쌓여나가는 걸 가리키는 말입니다. 연기의 '연(緣)'은 '관계가 모이는 것'을 말하고, '기(起)'는 '일어나는 것'을 말합니다. 앞서 일어난 일들이 쌓이고 모여서 다음 일이 일어나고, 그다음 일이 이전 일들과 모이고, 그에 따라서 또 다음 일이 일어납니다. 이렇게 계속 쌓여가는 겁니다.

당신과 남자 친구는 첫 단추를 잘못 끼워서 좋지 않은 연기가 됐습니다. 그런데 이걸 그대로 방치하면 점점 더 빠르게, 점점 더 나빠질 수밖에 없습니다. 그러니 남자 친구는 이대로 결혼하면 끔찍할 거라며 망설일 만도 하죠. 사연으로 봐서는 당신도 남자 친구도 다투기만 할 뿐, 관계를 개선하려고 특별히 어떤 노력을 기울이는 것 같지는 않군요.

하지만 이 시점에서 이별을 결정할 필요는 없습니다. 차라리 지금은 결혼 전에 이런 상황을 변화시킬 수 있을지를 깊이 생각해보는 게 좋겠죠. 우선 자신이 먼저 화내거나 짜증 내지 않도록 하고, 남자 친구가 언짢아하지 않도록 배려하고 신경 써야 합니다. 처음 만났을 때를 떠올리면서 좀 더 상대방을 존중하고, 좀 더 당신의 '자아'를 억제해보세요. 상대방을 '자기 것'으로 여기지 말고, '한 사람의 타인'으로서 존중하고 소중히 대해야 합니다. 그렇게 노력해서 상대방을 편안하게 해줄 수 있게 되면, 분명히 남자 친구도 화내지 않고 다정해질 겁니다.

중요한 건 남자 친구에게 아무것도 요구하지 말고, 당신 혼자서 노력해야 한다는 점입니다. 우선, 혼자 노력해보고 상대방의 격한 감정이 다소 누그러지면 이렇게 말하는 겁니다.

"나는 당신이랑 다정하게 지내고 싶어. 우리가 처음 사귀기 시작했을 때처럼 당신을 소중하게 대할게."

"당신한테 어느 정도 거리를 두고 예의를 지키려고 해."

"처음으로 다시 돌아가서 그때처럼 해볼 거야."

될 수 있으면 상대방에게 솔직하게 말하는 게 좋습니다.

"우리 관계를 소중하게 지켜서, 결혼까지 가고 싶어"라고 말하면, 남자 친구도 매우 감동하겠죠? '아, 나도 초심으로 돌아가서 이 여자를 소중하게 여겨야겠구나!' 하고 생각할지도 모르겠습니다.

당신이 먼저 변해야 남자 친구도, 남자 친구와의 관계도 변합니다. 아셨죠?

합장.

특강 8. 남자의 우월감

'지켜주고 싶어'의 활용법

이번에는 여자를 귀여워하고 지켜주고 싶어 하는, 한마디로 사랑에 빠진 남자의 사고 회로를 분석해보겠습니다.

세상에는 남자가 자신을 지켜주고, 남자에게 사랑받기를 원하는 여자가 많습니다. 남자가 귀여워해주는 만큼 자신의 가치가 올라가는 것처럼 느끼니까요. 하지만 문제는 남자가 '저 여자를 지켜주고 싶다'고 생각하려면 여자가 연약하고 가냘프다거나, 경제력이 약하다거나, 남자를 뛰어넘을 만큼 지적 수준이 높지 않아야 한다는 등 뭔가 '약점'이 있어야 한다는 겁니다. 여자한테서 그런 약점이 보여야 남자의 의식이 삐리릭! 하고 재빨리 목표물을 포착합니다. 그리고 '이 여자는 내가 없으면 안 돼. 내가 지켜줘야 해!'라고 생각하게 되죠.

그럴 때 이면에서 작동하는 기제는 바로 우월감입니다. 남자가 자기보다 열등한 여자를 귀엽다고 느낄 때 그 마음에는 '너는 나 없으면 안 돼' 하는, 다시 말해 '내가 너보다 낫지' 하는 나르시시즘이 깔려 있습니다. 흔히, 어딘가 아둔하고 순해 보이는 어린 양이나 앙증맞고 허약해 보이는 강아지를 보고 귀엽다고 느끼는 것과 같은 맥락이죠. 자기와 비슷하거나 자기보다 우월한 사람을 보고 귀엽다고 느끼기는 쉽지 않습니다.

역사적으로도 여성은 약자의 입장에 놓여 있었고, 되도록이면 자기주장을 하지 말라고 교육받아왔죠. 그래서 여자들을 바라보는 남자들의 시선에 '귀엽다, 지켜주고 싶다'는 느낌이 담겨 있는지도 모르겠네요. 물론 요즘에는 예전과 비교하면 여자를 두고 남자들이 '귀엽다'고 말하는 걸 듣기가 어려워진 건 사실이만, 아직도 여성은 사회적 약자에 속합니다.

어떤 잡지에서 취재한 특집 기사가 생각나는군요. 동남아시아의 가난한 나라로 결혼 상대를 찾으러 가는 남자를 인터뷰한 내용이었는데, 그 남자는 자신이 국제결혼을 하려는 이유를 이렇게 밝혔습니다. "아무래도 약자 입장에 있는 여자들이 나를 소중히 여기고 고마워하기 때문이겠죠"라고. 이 말인즉슨, 일본 여자는 너무 대가 세서 꼭 지켜줘야겠다는 마음이 들지 않기 때문에 구태여 가난한 나라에까지 가서 결혼 상대자를 구하겠다는 겁니다. 하, 그것참!

남녀가 평등해지는 건 좋은 현상이지만, 여자가 귀엽다고 느끼는 남자들이 줄어들면서 덩달아 연애 성공률까지 낮아지는 게 아닌가 싶군요. 연애가 잘 이루어지려면 때로는 약간 불평등한 관계가 형성되는 게 유리하기도 합니다. 뒤에 나올 아홉 번째 특강 '연상의 남자가 나를 돌아보게 하는 방법'에서도 이야기하겠지만, 여자가 남자보다 훨씬 어린 경우, 나이 차가 큰 것을 단점으로 볼 수도 있지만, 사실은 나이 많은 남자의 보호 본능을 자극해서 오히려 장점이 될 수도 있습니다. '자기보다 내가 훨씬 어리니까 나를 제대로 상대하지 않으려고 하겠지'라고 생각하기보다 '내가 자기보다 많이 어리니까 나를 귀여워할 수도 있어'라고 생각한다면, 오히려 나이 차가 커서 생기는 이점을 잘 살릴 수도 있을 겁니다.

낮춤의
미학

14. 남자 친구가 바람을 못 피우게 하고 싶어요

저랑 사귀는 사람이 바람을 피우는 것 같아요.

함께 있어도 먼 산만 바라보거나, 정신이 온통 휴대전화에만

가 있어서 "일 때문에 그래?" 하고 물으면, "아냐" 하고 대답합니다.

신경이 쓰여 휴대전화를 몰래 살펴봤더니 한밤중에 어떤 여자와

몇 번 통화한 적이 있더라고요.

문자 메시지는 비밀번호를 설정해놔서 보지 못했어요.

얼마 전에 남자 친구가 제 아파트에 왔을 때, 전화벨 소리가

울리는데도 받으려고 하지 않았어요. 틀림없이 그 여자구나 싶어서

"○○씨 아니야?" 하고 물으니 갑자기 얼굴색이 달라지더군요.

그러더니 "너 내 휴대전화 봤어? 형편없네!" 하면서

오히려 화를 냈어요.

결국 한바탕 크게 싸우고 나서 남자 친구는 밖으로 나가버렸습니다.

바람피운 주제에 도리어 화를 내다니, 억울해서 참을 수가 없어요.

남자 친구가 잘못을 뉘우치고 돌아오게 할 방법이 있을까요?

(26세, 아르바이트생)

사생활 침해는 바람기에 맞먹는 악행이다

바람피우는 남자 친구 때문에 고민하는 여성의 이야기는 이미 두 번째 사연에서도 다룬 바 있지만, 이번에는 상황이 조금 다른 것 같아서 다시 한 번 이야기하겠습니다.

연인의 휴대전화를 훔쳐보는 짓은 절대로 하지 말아야 합니다. 상대방을 몹시 화나게 할 뿐 아니라 설령 전화기에서 어떤 정보를 발견한다고 해도 당신 자신이 큰 고통을 받게 되기 때문입니다. 남자 친구가 '바람'이라는 악행을 저지르고 있다고 해도, 그의 비밀을 들춰내려고 그의 휴대전화를 몰래 훔쳐본다면, 당신 또한 남자 친구의 부정에 맞먹는 악행을 저지르는 셈입니다. 행여 나중에라도 남자 친구가 바람을 피우지 않았다는 사실이 밝혀진다면, 당신은 그의 사생활을 무단으로 침해했다는 돌이킬 수 없는 잘못을 저지른 셈이 되겠죠.

덧붙이자면, 그가 꼭 바람을 피운 게 아니라고 해도 다른 종류의 잘못을 저질렀을 수도 있습니다. 당신에게 뭔가를 숨기고 있다는 건 인간관계에서 그다지 성실한 태도가 아닙니다. 그건 분명히 '어떤 종류의 잘못'이라고 말할 수 있겠죠. 하지만 뭔가를 숨기는 것과 비교하면 남의 휴대전화를 훔쳐보는 죄가 훨씬 더 큽니다. 당신이 먼저 잘못을 뉘우쳐야 하는 겁니다. 『신약성서』에 나오는 유명한 구절이 떠오르지 않나요? 간음하다가 현장에 잡혀 온 여인을 사람들이 율법에 따라 돌로 치려고 할 때 예수는 이렇게 말합니다.

"너희 중에 죄 없는 자가 먼저 돌로 쳐라."

바람으로 배신당하는 것이 아니라
바람으로 배신하게 하는 것이다

"잘못을 뉘우치고 돌아오게 할 방법"이라니, 보통 사람이라면 거의 쓰지 않을 매우 강한 표현이네요. 이렇게 표현하는 것 자체가 당신의 정신적 불균형을 드러내는 것 같습니다. "혹시라도 내가 잘못을 저지르고 있는 건 아닐까?" 하는 의구심은 손톱만큼도 찾아볼 수 없군요. 만약 이런 사고 패턴이 일상생활에서 그대로 드러난다면, 남자친구 또한 불편하지 않았을까요? 당신은 늘 자신이 옳다고 생각하고, 상대방의 문제점을 계속 지적하는 타입 같습니다.

"당신은 이렇게 해야 해."

"아직도 모르겠어?"

"그건 틀렸어."

그러니 당신이 점점 더 불편하다고 느끼는 건 당연합니다. 좀 더 편안한 여자 곁에서 긴장을 풀고 싶어 남자가 바람을 피웠다면, 당신이 '배신하게 한 것'과 다름없습니다. 남자가 바람을 피워서 당신이 '배신당한 것'이 아니라는 말씀입니다. "나랑 있으면 불편하지? 함께 있고 싶지 않지? 그러니까 어디 가서 바람이라도 피우지 그래?" 이런 메시지를 계속해서 보내면서 정작 남자가 바람을 피우면 화를 내는 겁니다. 설령 당신이 휴대전화를 훔쳐보지 않았다고 해도, "일 때문이야?", "전화 오잖아!", "메시지 확인 안 해도 돼?" 하고 다그치는 말투로 압박감을 주었을 겁니다. 거기에는 '내가 있는데 감히 불륜 상대가 전화를 걸게 하다니 괘씸하다'는 뉘앙스가 숨어 있기 때문이죠. 속으로는 보지 않기를 바라면서도 "메시지 확인 안 해도 돼?"라고 물어서 그에게서 "안 봐도 돼, 괜찮아"라는 말을 듣고 싶어 하는, 이해하기 어려운 암호를 보냅니다. 그리고 그런 강압적인 메시지가 남자에게 전달돼 압박감을 주는 거죠.

모든 일이 이런 식이라면, 남자의 일거수일투족을 지켜보며 한눈팔지 말고 나한테만 집중하라고 요구하는 암호 같은 메시지를 계속 보내면, 남자 친구는 정말 마음이 불편해지겠죠. 그러고는 "아, 제발 나 좀 내버려 둬!" 하면서 바람을 피우고 싶어지겠죠.

잘못을 뉘우치고 고쳐야 할 사람은 당신이다

그러니까 자신의 요구를 분명히 전하지 않고, "왜 이렇게 해주지 않는 거야?"라는 의문문으로 자기 의사를 전달한다는 데 문제가 있습니다. 자기 감정을 제대로 전달하지 못하는 엄마가 아이를 야단칠 때 "왜 열심히 공부하지 않는 거야?"라고 질문하듯이 무의미하고 공격적인 질문을 던지는 겁니다. 그런 의사소통 방식은 두 사람 사이에 벽을 만듭니다. 의문문보다는 "섭섭해", "슬퍼", "화나", "우울해"라고 솔직하게 자기 감정을 표현하는 게 훨씬 바람직합니다. 이렇게 하면 상대방은 그런 감정이 들게 해서 미안하다고 생각하겠죠. 상대방에게 자신의 감정을 솔직하게 전달하지 않고, 비난 섞인 질문을 던져 에둘러 표현하는 이유는 남에게 속내를 드러내고 싶지 않은 자존심 때문입니다. 하지만 이런 자존심이야말로 행복을 방해하는 번뇌일 뿐입니다.

사실은, 바람피운 남자 친구에게 배신당한 게 아니라 당신이 그를 그렇게 만들고 있다는 걸 깨닫고, 문제점을 자신에게서 찾아야 합니다. 잘못을 뉘우치고 고쳐야 할 사람은 남자 친구가 아니라 당신입니다. "남자 친구가 잘못을 뉘우치고⋯⋯"라고 했지만, 당신이 진심으로 원하는 건 자신이 옳다는 걸 인정받는 게 아니라 당신이 행복해지는 게 아닐까요?

그렇다면 누가 옳고 그름을 따지지 않는 게 궁극적으로는 당신에게 이롭습니다. "내가 옳아! 그 사람이 반성하고 고쳐야 해!"라는 생각에 집착해서 불행을 자초할 필요가 없습니다. 모든 일에서 상대방의 잘못만을 탓할 게 아니라 그 원인이 자신에게도 있다는 사실을 자각하면 그런 집착도 자연스럽게 사라질 겁니다.

합장.

15. 결혼을 전제로 사귀려고 하는데
자꾸 생각나는 사람이 있어요

결혼을 전제로 사귀는 남자가 있어요.

무척 상냥한 사람이고, 저한테 아주 잘해줍니다.

그 사람을 싫어하는 건 아니에요. 좋아하게 될 것 같기도 하거든요.

그런데 전에 잠깐 사귀었던 남자를 잊을 수가 없네요.

그 남자한테 차였으면서도 단념하지 못하고,

감정도 제대로 정리하지 못한 채 결혼하기가 몹시 힘드네요.

어떻게 하면 좋을까요?

(23세, 회사원)

차였기 때문에 단념할 수 없다

'차였으면서도' 단념하지 못하는 게 아니라 '차였으니까' 단념할 수 없다. 이게 진실입니다.

오래전 어느 잡지에서 서평 블로거 고가이 단[12]씨가 사카모토 료마[13]에 대해 쓴 글을 읽었습니다. 그 글에서 고가이 씨는 료마에 대한 모든 이야기가 거짓이라고 했습니다. 이타가키 다이스케[14]나, 미쓰비시를 창업한 이와사키 야타로[15] 같은 사람은 오래 살았던 만큼 정치적으로 귀찮은 문제와 여러 차례 씨름하게 됐고, 더러는 어쩔 수 없이 더러운 물에 손을 담가야 하는 일도 있었습니다. 그 과정에서 대중에게 다소 부정적인 이미지를 보일 수밖에 없었겠죠.

그렇지만 료마는 이런저런 모습을 보이지 않고, 젊은 나이에 죽었습니다. 그래서 후세가 그에 관해 꿈꿀 수 있는 여지를 남겨놓았죠. 사람들은 그가 훌륭한 인물이었으며 늘 한결같은 모습이었으리라고, 만약 살아 있었다면 고결하고 큰 뜻을 품은 그가 틀림없이 위대한 업적을 이루었으리라고 믿습니다. 그가 요절했기에 이미지를 이상화하는 게 어렵지 않은 겁니다.

한 가지 예를 더 들어볼까요. 「은하영웅전설」[16]은 오래전에 제

---

12) 小飼彈(1969~): 일본 오픈소스 개발자. 컴퓨터 네트워크 구축, 기재 판매, 문서 번역, 컨설팅 업무 등을 하는 주식회사 디에이에누의 대표이사. 주로 서평을 하는 블로거로 유명하다.

13) 坂本龍馬(1835~1867): 에도 시대의 무사로 일본의 근대화를 주도한 인물.

14) 板垣退助(1837~1919): 에도 막부, 메이지 시대 정치가.

15) 岩崎彌太郎(1835~1885): 메이지 시대 기업가, 미쓰비시 재벌의 창설자.

16) 「은하영웅전설」: 1988년 다나카 요시키(田中芳樹)의 소설을 원작으로 일본에서 제작한 SF 애니메이션 영

가 무척 좋아했던 애니메이션입니다. 주인공 라인하르트는 약간 나르 시시즘이 있는 황제입니다. 그의 곁에는 언제나 어릴 적 친구이자 미모와 재능을 겸비한 청년 키르히아이스 장군이 있었죠. 그러나 애석하게도 장군이 젊은 나이에 죽어버리자, 라인하르트는 그를 살아 있을 때보다 더 위대한 인물로 이상화합니다. 그리고 중요한 결정의 순간이 찾아올 때마다 마음속으로 묻습니다.

"이럴 때 너라면 어떻게 하겠니?"

연애도 마찬가지입니다. 눈앞에 없는 사람은 이상화하기 쉽습니다. 과거에 당신을 차버린 남자는 마치 영화관 스크린 같은 존재가 됐고, 당신은 자신의 모든 이상을 거기에 투영했을 겁니다. 두 사람의 관계가 얕고 짧았을수록 더 효과적이죠. 가령 사귀기 시작한 지 일주일 만에 헤어졌다면 상대방을 거의 모르기 때문에 "좀 더 오래 사귈수 있었다면 정말 좋았을 텐데" 하고 아쉬워할 겁니다. 그러고는 스크린에 마음껏 투영해서 뇌내 망상[17]이라는 환각 상태에 빠지게 됩니다. 흐음…….

하지만 오래 사귄 상대라면 그런 일은 생기지 않습니다. 상대방에 대해 잘 알고 있는 만큼 구체적인 이미지가 떠올라 마음껏 망상을 펼치는 데 방해가 되기 때문이죠.

화. 이 작품은 우주의 패권을 두고 전제주의와 공화주의 사이에 벌어진 전쟁에서 다양한 전술을 구사하며 새로운 은하의 역사를 만들어가는 이야기를 다룬 대하 역사물이다. 250년 동안 계속된 은하의 전쟁을 배경으로 성격과 철학이 다른 두 명의 영웅, 라인하르트 폰 로엔그람 백작과 양 웬리를 내세워 그들의 삶을 깊이 있게 조명했다.

17) 뇌내 망상: 실제 현실은 외면한 채 객관적 근거 없이 자기 생각이나 소망에 따라 상황을 이해하고 멋대로 상상하는 현상.

당신은 그 남자에게 차이고 나서 아직도 망상으로 가득 차 있는 상태에 있는 것 같군요. 상상 속에서 꾸는 달콤한 꿈을 단념하지 못하는 겁니다. 사카모토 료마가 오래 살았더라도 계속 멋진 인물로 남았을 수 있겠지만, 대부분 상상 속 인물의 실제 모습은 차라리 모르는 게 낫습니다.

망상에서 벗어나려면 사실을 분명하게 인식해야 한다

어떤 인간관계든지 시작 단계에서는 누구나 상대방의 마음에 들려고 좋은 점만 보여주게 마련입니다. 하지만 시간이 지날수록 각자의 '자아'가 드러나면서 끝내 짜증 나는 일이 생기고 말죠. 당신은 연애 초기에 그 남자의 연출된 장점만을 보았기에 그게 뇌리에 깊이 새겨져 쉽게 사라지지 않는 겁니다. 만약 당신이 여자를 쉽게 만나고 곧바로 차버리는 유형의 남자를 오랫동안 사귀었다면, 그 남자의 싫은 점, 나쁜 점을 모두 보았을 가능성이 크겠죠. 오래 사귈수록 좋지 않은 모습을 더 많이 보게 되니까요.

아니면 이미 알고 있는 그 남자의 부정적인 면이 이상화된 이미지에 덮여 잊힌 건지도 모릅니다. 당신이 이런 세뇌 현상에서 벗어나기 위해서는 그게 망상이라는 사실을 분명하게 인식해야 합니다.

몸을 밀착시키면 좋아하는 느낌이 따라온다

지금 만나는 사람은 다정하다고 했죠. 결혼도 고려하고 있고. 그런데 이를 어쩌나, 인간은 '자신에게 다정한 사람 = 이미 자기 손아 귀에 들어온 존재'로 인식하기 때문에 앞서 말했듯이 그 사람의 가치 가 낮은 것처럼 느껴집니다. 그래서 실제로 자신을 행복하게 해줄 수 있는 다정한 사람의 가치를 낮게 평가하고, '손아귀에 넣지 못한 존 재'의 가치를 더 높게 평가하는 역설적인 반응을 보입니다.

당신의 고민은 의외로 단순합니다. 이미 손에 넣은 건 당연하게 여겨 다른 걸 원하는 욕망의 지배를 받는 겁니다. 욕망의 기본 구조가 원래 그렇습니다. 하지만 거기에 갇혀 이미 헤어진 남자를 계속 그리 워하고 있다면, 당신이 현재의 남자를 좋아하게 될 확률은 매우 낮아 보입니다. 지금 눈앞에 있는 다정한 사람보다 머릿속에서 만들어진 환상 속의 전 애인이 훨씬 멋지다고 속삭이는 건 당신을 불행으로 이 끄는 마음속 악마의 소행입니다.

지금이라도 머릿속에 도사린 '환상'이라는 속박을 자각하고, 연인에게 좀 더 가까이 다가가세요. 대화하면서 스킨십의 빈도를 높 여보세요. 환상에는 없는 구체적인 신체 정보를 많이 입력하다 보면 언젠가는 과거의 환상보다 현재의 실체가 더 좋아질 수 있습니다. 왜 냐면 옥시토신은 실제로 몸을 접촉할 때에도 분비되기 때문이죠. 애 정이 부족하면 스킨십도 줄어들게 마련입니다. 그래도 의도적으로라 도 스킨십을 하면 옥시토신이 분비돼 새롭게 애착이 생겨납니다.

이제 그만 당신의 머릿속을 맴도는 망상은 떨쳐버리세요. 남자 친구와 육체적으로도 한 걸음 더 가까워져보세요. 서로 몸을 밀착한 상태로 지내보세요. 의도적으로 그렇게 행동하는 게 어색하다고요? 그런다고 과연 그 사람이 갑자기 열정적으로 좋아지겠느냐고요? 하아, 걱정하지 마세요. 좋아하는 느낌은 그 후에 따라옵니다. 괜찮습니다. (바꿔 말하면, 이런 방법으로 좋아하는 느낌이 생기게 할 수도 있겠네요. 흠흠.)

합장.

특강 9. 연애의 부조리

연상의 남자가 나를 돌아보게 하는 방법

사랑에 빠지는 건 자신이 생각해오던 좋고 싫음의 틀이 녹아버리는 감미로운 체험입니다.

"내가 사랑하는 사람은 스포츠를 잘해야 해, 유머 감각이 있고 재밌어야 해, 옷을 잘 입고 세련돼야 해" 등등 이런저런 생각으로 '자아의 틀'에 갇혀 있는 상태에서는 어른의 사랑, 다시 말해 성숙하고 진지한 사랑을 할 수 없습니다.

완고했던 틀도 서서히 녹아버리고 "내 스타일은 아니지만 왠지 좋아"라고 말하게 되는 게 바로 사랑의 부조리한 힘입니다. 나와 사랑에 빠진 상대방 또한 비슷하게, 자아의 틀이 사라지는 체험을 하게 되겠죠.

"학교 선생님이나 나이 차가 큰 연상의 선배를 좋아하게 됐는데 부끄러워서 고백하기 어려워요. 저를 연애 상대로 보지 않을까 봐 걱정스러워요." 사실, 지금까지 연애 문제를 상담해오면서 가장 많이 들었던 게 바로 이런 고민이었습니다. 이런 고민을 듣고 나면 '참 순진하다'는 생각이 들면서 제 입가에 슬며시 미소가 떠오릅니다. 그들이 벽에 부딪힌 실제 이유는 '나이 차이와 사회적 위치'라는 상대 남자의 '틀'을 녹일 수 없다고 생각하기 때문입니다.

하지만 실제로는 그렇지 않습니다. 자아의 틀이 녹는 것 자체가 감미로운 체험이어서 그 연상의 남자도 내심 그걸 바라고 있는지도 모릅니다.

"이 아이는 내 제자야. 사제 간에 친밀한 관계를 맺을 순 없지."

"이 녀석은 나와 나이 차이가 많이 나서 대화도 잘 안 통하겠지."

이런 틀을 녹이는 방법은 의외로 간단합니다. 이쪽이 부끄러워하지 않으면 됩니다. 조금 당돌하게 애정을 표시하면, 처음에는 약간의 저항감을 느끼던 상대방도 "아, 이 아이라면 괜찮을 것 같아"라고 생각하게 될 겁니다.

앞서 저는 '열렬히 좋아하면 → 자아의 틀이 녹는다'고 했습니다. 이런 인과관계를 거꾸로 놓고 보면 '자아의 틀이 녹을 것처럼 대하면 → 열렬히 좋아하게 된다'는 관계가 성립하겠죠. 'A → B'를 이용해서 'B → A'로 착각하게 하는 겁니다.

상대가 당신과 나이가 비슷한 세대라면 공통의 화제는 풍부하겠지만, 역설적으로 그것만으로는 시시하다고 생각할 수도 있습니다. 그리고 나이 차가 크지 않아 남녀 간에 주도권 다툼이 일어나기도 쉽죠. 하지만 나이 차가 크면 아예 주도권을 맡겨버릴 수도 있습니다. 그대신 '내가 당신을 사랑하고 지켜주고 있다'는 뿌듯한 기분을 맛보는 겁니다. 그러면 사랑의 힘겨루기에서 균형을 잡기도 쉽겠죠.

자, 고민만 하지 말고 일단 부딪쳐보세요. 의외로 잘될 수도 있으니까요.

찌르르

16. 이혼남과의 결혼을 고민하고 있어요

남자 친구는 이혼남입니다. 1년 반 정도 사귀었는데
이제 결혼 이야기도 슬슬 나오고 있습니다.
저는 그 사람을 정말 좋아합니다. 그가 이혼남만 아니었다면
벌써 결혼하고도 남았을 만큼 좋아합니다. 그런데 그 이혼남이라는
사실이 신경 쓰여서, 결국 그 사람에게 상처를 주고 있어요.
머릿속으로는 '좋아한다면 세상의 시선 따위는 상관없다'고
생각하지만, 현실적으로는 신경이 쓰이는 게 사실입니다.
아이도 없고, 전 부인과 나쁘게 헤어진 것도 아니어서
특별히 문제 될 건 없어요.
단지 저 자신이 이런 상태여서 결혼을 망설이고 있습니다.
어떻게 하는 게 좋을까요? 헤어져야 할까요?

(33세, 회사원)

새 차를 갖고 싶은데,
중고차밖에 가질 수 없다는 것이 속상한가

세상의 시선이 신경 쓰인다고 했는데, 구체적으로 '무엇'이 마음에 걸리나요? 좀 더 깊이 생각해보는 게 좋겠습니다. '그가 이혼남이라는 사실이 왜 싫을까?'라는 제목으로 소논문을 쓸 수 있을 정도로 진지하게 생각해보자는 겁니다. 이건 어디까지나 의식의 문제이기 때문에 열쇠를 쥐고 있는 건 자기 마음속에 숨어 있는 감정입니다. 아이도 없고 전 부인과는 싸워서 헤어진 게 아니라고 했는데, 여기에 약간의 힌트가 있군요. 바꿔 말하면 '아이가 있거나 전 부인과 싸워서 헤어진 남자'라고 하면 주변에서 더욱 곱지 않은 눈초리로 봤을 테고, 만약 그렇다면 상황은 더 나빴으리라고 생각한다는 겁니다. 설사, 아이가 있다고 해도 지금의 당신이라면 남의 아이를 키우긴 어렵다고 생각했을지 모릅니다. 무엇보다 그가 이혼남이라는 사실 자체를 몹시 부정적으로 여기고 있기에, 결혼을 한다고 해도 아이로 인해 남편이 이혼남이라는 사실을 세상에 숨길 수 없는 상황을 받아들이기 어려울 겁니다.

사실, 당신은 새 차를 살 능력이 되는데 주위에서 '돈이 없어서 중고차밖에 못 샀다'고 생각하는 게 싫을 수도 있겠죠. 한마디로 이 결혼이 자신의 가치를 떨어뜨린다고 생각하는 겁니다. '중고'라는 관점에서 덧붙여 말하자면, 굳이 이혼한 사람을 꼽지 않아도 숫총각, 숫처녀가 아닌 다음에야 엄밀히 말해 대부분의 결혼 상대는 중고가 아닐까요? 혹시 상대방을 중고차라기보다는 하자 있는 차라고 생각하고 있는 건 아닐까요? 그러니까, 그 남자는 첫 결혼에서 실패했고, 실패했다는 건 열등하다는 뜻이고, 그런 열등한 인간과 얽이기 싫다고 생각하고 있는지도 모르죠.

아마도 이게 문제의 핵심일 겁니다. 사연에 그렇게 쓰지는 않았지만, 당신이 스스로 그렇다고 인정했을 때 과연 어떤 기분이 드는지를 솔직하게 생각해보는 게 좋겠습니다.

"이런 열등한 존재는 내게 어울리지 않아. 나는 훨씬 훌륭한 인간이어서 이런 결함 있는 남자와 어울리는 존재가 아니라고! 나는 무결점의 완벽한 남자에게 어울리는 여자야. 세상 사람들 눈에 내가 이런 결함 있는 남자밖에 만나지 못하는 여자로 비친다면, 그건 정말 창피한 일이야. 세상이 나를 그렇게 보는 게 싫어, 싫다고!"

자신이 이렇게 잔혹한 생각을 하고 있는 건 아닌지 진지하게 살펴보세요.

세상의 시선은 실체가 없다

당신은 세상의 시선을 의식하고 있는데, 애초에 '세상'이라는 게 정말 존재할까요?

그런 건 어디에도 없습니다. 이혼남과 결혼한다고 해도 요즘 사람들은 "그래? 결함 있는 남자랑 결혼하는구나?"라고 생각하지 않습니다. 물론 몹쓸 바람둥이라서 수차례 이혼했다고 해도 믿을 만큼 느끼한 분위기를 풍기는 남자라면 또 모르겠지만, 그렇지 않다면 누구도 특별히 신경 쓰지 않습니다. 그리고 한쪽에서는 '한 번 실패해서 인간관계의 쓴맛 단맛을 모두 본 만큼, 여자 대하는 법을 잘 알고 있어서 오히려 매력적'이라는 의견도 내놓습니다. 이혼남이지만 외모가 수려하고 돈도 많은 스타와 결혼한다고 하면 모두 부러워하는 것처럼 말입니다. 설령 '이혼남은 결함 있는 남자'라고 생각하는 사람이 있다고 해도, 자기 생각을 큰 소리로 떠드는 사람은 많지 않습니다. 그런 말을 하는 건 오늘날 흔히 말하듯이 '정치적으로 타당하지'[18] 않기 때문에 그런 편견을 구태여 입 밖에 내지 않죠.

결국, '나를 바라보는 세상의 시선이 좋지 않다'는 건 망상입니다. '이혼남은 가치가 낮다'는 가치관이 당신에게 이미 형성돼 있기 때문에 다른 사람들도 그렇게 생각하리라고 제멋대로 추정하는 겁니다. 오히려 당신이 그런 망상을 다른 사람들에게 심어주려고 하는 건 아닌가요? 다자이 오사무[19]의 소설 『인간실격』[20]에서 '호리키'라는 친구가 주인공 요조에게 "세상에서는 이렇게들 말한다"고 하자, 요조는 "그건 세상이 그렇게 말하는 게 아니라, 네가 그렇게 생각하는 거잖

---

18) politically correct: 1990년대 초 미국을 중심으로 유럽 등지에서 일어난 운동으로, 성별, 성적 취향, 인종, 문화, 장애, 연령 등의 특징이나 상태만으로 소수자들이 차별당하거나 불평등하게 대우받는 사례를 방지하기 위해 언어나 생각, 정책이나 행동 등의 개선을 목적으로 한다.

19) 太宰治(1909~1948): 일본의 소설가. 본명은 쓰시마 슈지(津島修治). 좌익운동의 영향을 받은 작품을 많이 썼다. 주요 저서로 『사양(斜陽)』, 『만년(晚年)』, 『인간실격(人間失格)』 등이 있다.

20) 『人間失格』: 1948년 3월부터 5월까지 『전망(展望)』이라는 잡지에 연재했고, 그해 7월에 단행본으로 출간했다. 다자이 오사무 문학의 결정판으로 오바 요조(大庭葉藏)라는 젊은이가 세상의 허위와 속박에 반발하면서도 독립할 자신이 없어 파멸해가는 과정을 수기 형식으로 그린 작품이다.

아?"라고 대답하는 장면이 나옵니다. 요조는 '세상이라는 건 실재하지 않는다'는 사실을 간파하고 있었던 거죠.

'세상의 시선'이 따로 있는 게 아니라 단지 각 개인이 추정하는 세상이 있을 뿐입니다. 그 세상이 자신을 어떻게 바라볼지를 추정할 뿐이죠. 당신의 경우는 주변에서 아무도 그렇게 생각하지 않는 것 같은데, 당신 혼자만 그렇게 생각하고 있는 건 아닌가요?

생각해보세요. 당신은 자신을 주변에 투영하고 있을 뿐입니다. 당신은 이혼남에 대한 '세상의 시선이 곱지 않다'며 세상을 탓하고 싶겠지만, 실제로는 당신도 결혼할 사람이 이혼남이라서 싫다고 하니 그 책임을 세상에만 돌릴 수는 없는 노릇입니다.

우선 그런 사실을 자각해야 합니다. 그러고 나서 '나의 가치를 올리고 싶어, 나의 가치를 떨어뜨릴 수 있는 남자와는 엮이고 싶지 않아'라는 이기적인 가치관에 자신이 물들어 있었다는 사실을 발견하고 충격을 받아야 합니다. 그리고 그런 가치관을 가진 채 연애해서 과연 행복할 수 있을지도 생각해봐야겠죠.

만약 그 이혼남과 결혼한다고 해도 당신 머릿속에는 남편이 '결함 있고 열등한 남자'라는 생각이 계속 들겠죠. 그리고 그가 이혼남이라는 사실이 계속 신경 쓰일 겁니다. 저도 이혼남이지만,[21] 혹시라도 상대방이 이런 생각을 하면서 은근히 저를 깔보고 있다는 사실을 알게 된다면 견딜 수 없을 것 같습니다. 당장 헤어지고 싶겠죠.

---

21) 일본의 불교는 선종을 제외한 대부분 종파가 승려의 결혼을 인정하고 있다. 고등학교 2학년 때 출가한 저자는 도쿄대학교 재학 시절에 결혼과 이혼을 경험했다.

당신의 내면에 숨어 있는 가치관은 남자를 대할 때 무의식중에 드러나 그를 견딜 수 없는 상태로 몰아갈 겁니다. 그렇지 않나요?

자존심이 너무 강한 사람은 사랑이 아니라 '연애 상품 놀이'를 할 뿐이다

그리고 그렇게 남을 평가하고 시험할 생각이라면, 다른 남자와 사귄다고 해도 마찬가지일 겁니다. 이것저것 검사만 하고, 역시 망설이고 있지 않을까요? 지금은 결혼 상대가 이혼남이어서 종종 신경 쓰이는 정도겠지만, 다른 결함이라고 해서 다르지 않을 겁니다. 예를 들어 연봉이 낮은 사람과 사귀면, 연봉이 적은 것을 결함으로 생각하게 되겠죠. 여자인 자기보다 남자의 수입이 적으면 이 또한 결함으로 여길 테고, 집안 배경이 없는 사람, 대화할 때 유머가 부족한 사람, 옷 입는 센스가 없는 사람 등등 사람들이 가진 다양한 결함을 의식하겠죠.

그리고 자신도 모르게 남을 평가하는 기준을 드러내고 말 겁니다. "나처럼 가치가 높은 여자에게 어울리는 최고의 남자가 아니면 싫어!"라고 말하듯 말이죠.

당신은 자신에 대한 평가가 너무 높고, 자존심이 너무 셉니다. 이런 식으로 가다가는 연애를 하는 게 아니라 연애라는 상품을 아이쇼핑하는 외로운 인생이 될 게 빤합니다.

자신의 정신세계를 자각하고, 남자에게 잘해주자

그러나 그런 자신을 완벽하다고 생각하느냐고 물어보면 당신은 분명히 "아니, 전혀 그렇지 않아요"라고 대답할 겁니다. 왜냐면 '세상의 시선'을 의식할 테니까요. 이 문제를 풀기가 정말 어려운 이유는 "당신은 자신을 완벽하다고 생각하는 게 문제니까, 그런 점을 스스로 찾아내서 고쳐야 합니다"라고 말해봤자, "아니에요, 저는 완벽하지 않아요"라고 대답할 게 분명하기 때문입니다.

실제로 당신은 자신이 완벽하다고 생각하지는 않을 겁니다. 그리고 자신을 속이면서 "나도 이런저런 결점은 있어"라고 말하는 우등생 같은 태도를 보일 겁니다. 하지만 의식 깊은 곳에 "나는 가치가 높은 사람이야!"라는 생각이 확고하게 박혀 있어서 다른 사람들이 그 수준에 적합한지를 늘 평가하게 됩니다. "아이도 없고, 전 부인과 나쁘게 헤어진 것도 아니어서 특별히 문제 될 건 없어요"라는 말에서 엿보이는 시선에는 상품을 품평하는 거만한 소비자 의식이 깔려 있습니다.

자신이 정신세계가 이처럼 잔혹한 인간이라는 사실을 확실하게 자각하게 된다면, 당신은 그런 자신과 사귀는 그 남자를 존경하고, 잘해주고 싶어질 수밖에 없지 않을까요?

합장.

17. 남자 친구가 돈 없는 남자라고
부모님이 결혼을 반대해요

그이는 모아둔 돈도 없지만 돈이 있어도 바로 써버립니다.
머지않아 결혼하려고 마음먹고 있는데, 부모님은 그 사람한테
경제력이 없다는 이유로 결혼을 반대합니다.
하지만 저는 돈보다 감정이 중요하다고 생각해요.
부모님은 "경제력도 없고, 붙임성도 없는 데다
믿음직스럽지도 않은 남자 어디가 그렇게 좋으냐"고 해요.
돈 문제는 부모님 말씀이 맞지만 맞벌이하면
생활은 가능할 것 같은데,
둘 다 경제력이 없으면, 결혼하지 않는 게 좋을까요?

(25세, 회사원)

돈을 쓰는 방법도 그 사람의 일부다

남자가 붙임성이 없다는 건 부모님의 판단이니까, 실제로 그런지 아닌지는 모르겠네요. 하지만 돈이 생기면 바로 써버린다는 건 자기 절제력이 없다는 뜻이겠죠. 바로 써버리기만 할 뿐, 남에게 돈을 빌리거나 빚이 쌓이지 않는다면 아직은 괜찮을지 모르지만, 돈이 있다고 바로 써버리는 행동은 눈앞의 단편적인 쾌감을 좇는 사고방식을 반영합니다. 돈 쓰는 방식이 그렇다면, 인생 전반에서 그 순간만 즐거우면 그만이라든가, 지금 즐길 수 있다면 나중에 어떻게 되든 상관하지 않는다는 식으로 살아갈 가능성이 크겠죠.

결혼은 역시 경제적으로 안정된 상태에서 하는 게 바람직합니다. 일상생활에서 늘 코앞에 닥친 금전 문제로 허둥거리며 안정을 찾지 못한다면 평온할 수 없겠죠. 눈앞에 보이는 자극에 충동적으로 반응하고 돈을 마구 써버리는, 마음이 어지러운 사람과는 안심하고 평생을 함께하기가 어려우리라는 점을 염두에 두는 게 좋겠네요.

'돈보다 감정이 중요하다'는 말은 교과서에 나올 법한 말이지만, 씀씀이라는 것도 사실은 감정의 일부입니다. 감정과 전혀 무관하게 돈을 쓰기는 불가능하죠. 마음이 돈을 쓴다는 사실을 잊지 마세요. 예를 들어 백만 원의 월급을 받는 사람이 그 돈을 자기 분수에 맞게 쓰고, 분수에 맞는 집에서 살고, 낭비하지 않는 생활을 하고 있다고 칩시다. 그런 사람과 함께라면 넉넉하진 않아도 마음만은 풍요롭고 행복하게 살아갈 수 있습니다.

하지만 당신의 경우는 어떤가요. 월급이 아무리 많아도 받은 즉시 써버리거나, 절제 없이 카드를 긁는 걸로도 모자라 저축조차 하지 않는다면, 씀씀이가 크다는 평가만으로 끝날 일이 아니죠. 욕심나는 건 무턱대고 손에 넣으려고 하는 모양새가 도파민 분비를 촉진하는 쾌감에 길들여진 사람이라고 말할 수밖에 없군요. 게다가 무슨 일이든 대충 하는 경향이 있다면, 부부 생활이 벽에 부딪혔을 때 금세 바람을 피우고 싶어 할지도 모릅니다.

이 남자는 눈앞의 쾌락을 좇아 어디로 튈지 모른다는 느낌이 듭니다. 아마 이처럼 불안정해 보이는 면이 당신의 부모님께 믿음직하지 않다는 인상을 심어줬을 겁니다.

다시 말하지만, 돈과 마음은 꼭 붙어 있기에 '중요한 건 돈이 아니라 마음'이라는 아름다운 이항 대립에서 시선을 돌려야 합니다.

연애 감정이 식은 후에도 계속 인생을 함께하기 위해 필요한 요소

한 가지 더 말하고 싶은 건 결혼과 연애의 다른 점입니다.

결혼하기 전에는 연애 감정이 강렬해서 좋아하는 마음만으로 평생을 함께할 수 있으리라고 생각하죠. 하지만 결혼하고 오랫동안 함께 지내면 점점 상대방에게서 받는 자극에 내성이 생깁니다. 연애할 때 두근거리던 느낌도 거의 사라집니다. 그리고 머지않아 그건 친밀한 가족이라는 느낌으로 바뀌죠. 그렇게 친밀한 가족이 되고 연애 시절의 설렘이 사라졌을 때, 부부가 함께 풍요로운 삶을 살아가는 데 가장 중요한 요소는 안심할 수 있는 환경, 전반적인 안정감, 함께 있으면 편안한 느낌 등입니다. 함께 마음 편히 잔다거나, 매일 식탁에 둘러앉아 함께 음식을 먹는다거나, 퇴근 후 저녁나절에 이런저런 이야기를 다정하게 나누는 일들을 수천, 수만 번 반복할 수 있는 안정된 행복감이 중요하다는 거죠.

하지만 돈을 금방 써버리는 사람이나 강한 자극을 원해서 이상한 행동을 하는 사람과는 안심하고 이인삼각을 오랫동안 유지하기 어려울 가능성이 큽니다. 상대방에게 서로 익숙해져서 어떤 자극도 느끼지 못하게 됐을 때 새로운 자극을 찾는 타입의 인간은 굶주리고 있는 가정을 소홀히 하고 돌보지 않을 겁니다.

연애 감정이 식은 후의 관계성을 가늠해볼 때 돈 쓰는 방법은 중요한 관찰 요소 중 하나입니다. 돈에 대한 상대방의 태도를 유심히 관찰하는 건 도청기를 붙여 염탐하는 것만큼이나 정확하게 그를 알 수 있는 방법입니다. 서로 열정이 있을 때에는 자신의 좋은 점만을 보여주려고 애쓰지만, 시간이 지나면 마냥 좋게만 볼 수 없는 점들이 슬쩍슬쩍 드러나게 마련이죠. 예를 들어 함께 들어간 가게에서 점원을 대하는 태도라든가, 곤란한 상황에 놓였을 때 보이는 반응 등에서 그 사람의 진면목이 드러납니다.

자기만을 위해 돈을 쓰는 인색한 남자

남자 친구가 돈을 어디에 쓰는지를 잘 봐두는 게 좋습니다. 혼자 즐기는 취미나 오락에 돈을 낭비하고 있다면, 위험성이 크다고 하겠습니다. 그것을 지금은 허용할 수 있더라도 결혼한 뒤에 남편이 처자식을 제쳐두고 자기만을 위해 돈을 쓴다면, 아내는 분명히 슬퍼하고, 짜증 나고 우울한 날들을 보낼 위험이 있죠. 누구나 '돈은 아주 중요한 것'이라고 어릴 적부터 수없이 세뇌당했기에 남자가 그 중요한 돈을 다름 아닌 나를 위해 쓰고 있다는 것을 확인할 때 여자는 무척 기뻐하겠죠. 하지만 그 반대 경우에는 몹시 실망하고 괴로워하겠죠. 그런 인색한 남자와 함께 있으면 불행해집니다. 연애할 때에는 상대방에게 이런 단점이 노출되지 않도록 조심하기 때문에 잘 드러나지 않지만, 결혼하고 친숙해질 무렵 드디어 본성이 드러납니다. 그러니까 지금 잘 관찰해서 당신의 미래를 위해 현명하게 판단하세요.

합장.

18. 연애를 즐기지 못해요

전부터 점찍었던 사람과 사귀기 시작한 단계인데
너무 긴장해서 즐길 여유가 없어요.
지금까지 식사도 여러 번 했는데 여전히 익숙해지지 않아요.
그래서 늘 긴장한 상태입니다. 그 사람도 진중한 성격인지라
저한테 진심을 말하는 것 같지도 않고, 이런저런 이유로
마음의 벽을 허물지 못하고 있어요.
게다가 저는 혼자 있는 데 너무 익숙해져서
누군가와 함께 있어도 즐겁지가 않네요.
사실 원래부터 다른 사람과 함께 있는 것을 불편해했거든요.
아무래도 저는 연애나 결혼에는 맞지 않는 타입일까요?

(32세, 회사원)

무리하게 '좋은 사람'을 연기하고 있을 뿐이다

　얼마 전 일간지의 고민 상담 코너를 통해 사십 대 남자분에게 비슷한 상담을 해드린 적이 있습니다. 꼭 결혼해야 한다는 강박관념이 있는 분이었는데, 연애하는 동안 즐겁게 지내려고 온갖 노력을 기울여도 좀처럼 관계가 발전되지 않았다고 합니다. 그래서 친구들에게 고민을 털어놨는데, "네가 너무 친절하게 굴어서 여자가 지루해하는 건 아닐까?"라는 말을 들었다고 합니다.

　그렇지만 실제로는 친절해서가 아니라 상대방에게 너무 맞추려다 보니 서로 재미없다고 느끼는 겁니다. 예를 들어 상대방의 이야기가 재미없는데도 억지로 "아, 그렇구나. 정말 그럴 수도 있겠네요" 하고 맞장구를 친다거나, 좋아하는 영화 이야기가 나오면 자신은 전혀 관심 없으면서도 "그것 참 재미있겠네요. 언젠가 함께 보러 갈까요?" 하면서 연기를 계속하죠.

　당신은 그렇게 '좋은 사람'을 연기하고 있습니다. 그래서 "즐겁게 지내려고 하는데, 왠지 재미가 없어요. 피곤하기만 해요"라고 푸념을 늘어놓는 겁니다. 자기 기분을 왜곡하고, 무리해서 즐거워지려고 하면서 실제 자신을 억압하고 있기 때문이겠죠. 게다가 그런 노력의 결과를 상대방이 좋아하느냐면, 꼭 그렇지도 않습니다. 남자는 속으로 "이 사람은 진심을 숨기고 있어. 무리해서 나한테 맞춰주고 있는 거야"라고 생각합니다. 이럴 때 남자는 오히려 압박감 같은 것을 느끼게 됩니다. "이렇게까지 무리하면서 맞춰주다니, 정말 친절한 사람이야!"라고 생각하는 사람은 없습니다.

연기하는 당사자는 그것을 '친절'로 착각하지만, 그건 친절이 아닐뿐더러 남자에게도 그렇게 인식되지 않습니다. 스트레스를 엄청나게 받으면서 어렵사리 '좋은 사람'을 연기했는데, 오히려 그 때문에 남자도 스트레스를 받는 겁니다.

속마음은 저절로 상대방에게 복사된다

'거울 신경세포'[22]에 대해 들어본 적이 있나요? 거울 신경세포는 상대방의 상태를 거울처럼 똑같이 복사하는 뇌 신경세포입니다. 겉으로 좋은 사람인 척하며 무리해서 맞춰주며 연기하고 있어도, 속으로는 짜증을 내고 있다면 상대방의 뇌 신경세포가 거울처럼 똑같이 복사해 나도 모르게 왠지 싫증이 나고 짜증이 납니다. 당연히 즐거울 리 없겠죠.

여자는 남자 앞에서 자신의 장점을 얼마든지 뽐낼 수 있고, 무슨 이야기를 해도 남자가 귀 기울여 들어주니 표면적으로는 두 사람이 아주 잘 어울리는 것처럼 보입니다. 여자가 자기 취미에 대해 이야기하자 남자는 "취미도 저랑 똑같네요!"라고 말하지만, 뭔가 이상한 기분이 듭니다. 마음속에 있는 의도를 여자의 거울 신경세포가 복사

---

22) mirror neuron: 타인의 행동을 보고 있기만 해도 자신이 직접 그 행동을 하는 것처럼 작동하는 뇌의 신경세포. 이 세포는 타인의 행동을 관찰할 때에만 작동하는 것이 아니라 어떤 행동이 어떻게 일어났는지 이야기만 듣고 있어도 작동한다. 그리고 이런 과정은 관찰자의 의지나 생각과 상관없이 자동적으로 진행된다.

해버렸기 때문입니다. 게다가 여자가 느끼는 긴장감 역시 남자의 거울 신경세포에 복사돼 남자 또한 긴장하고, 그 긴장감은 다시 여자에게 복사돼 돌아옵니다. 두 사람이 함께 있으면 이런 식으로 서로 긴장하게 되는 악순환에서 빠져나오지 못하는 겁니다.

꾸미지 않은 자기 모습을 그대로 보여주면 절대 안 된다고 생각하기 때문이다

당신은 왜 그렇게 긴장하는 걸까요? 그건 당연히 잘 보여야 한다는 강박 때문입니다.

"그 사람 마음에 들지 않으면 안 돼. 그 사람이 하는 말에 잘 응대해줘야 하고, 식사할 때에는 매너도 신경 써야 해. 제대로 하지 않으면 싫어할지도 몰라." 이렇게 생각하는 겁니다. 달리 말하면, 있는 그대로의 자신을 좋아하지 않으리라고 생각하는 거죠. 이렇게 생각하는 이유는 있는 그대로의 자신을 보여주면 상대방이 받아들이지 않을지도 모른다는 두려움 때문입니다. "혼자 있는 데 너무 익숙해졌다"고 했는데, 그러면 혼자 있을 때에는 다른 사람을 배려할 필요가 없으니 제멋대로 지내는 데 재미를 붙였다는 뜻인가요? 아니면 앞서 말한 사십 대 남성처럼 다른 사람과 함께 있을 때 잘 보이기 위해 무의식적으로 과잉 서비스하게 되는 게 피곤하다는 뜻인가요?

물론, 잘해야 한다는 마음이 지나치게 앞서 나갈 수 있죠. 하지만 식사 예절을 너무 깍듯하게 지키려고 한다거나, 평소에는 편안한 차림으로 있다가 남자를 만날 때면 신경이 쓰여 외출복을 고르는 데 엄청나게 시간을 허비하게 된다면 정말 피곤하겠죠.

그 원인을 찾아 과거로 거슬러 올라가 보면, 혹시 어릴 적에 엄마한테 혼났던 기억이 있는지도 모르겠습니다. 어떤 일을 했을 때 "뭐든 하려면 제대로 해!"라고 야단을 맞았다거나, 선생님께 혼났거나, 친구랑 싸운 걸 솔직하게 말했을 때 "넌 왜 그 모양이냐!" 하고 꾸중을 들었다거나, "너 자꾸 그러면 가만두지 않을 거야!" 하는 식의 '협박'을 받았다면, 그런 일들이 뇌리에 박혀 있을지도 모르죠. 그래서 있는 그대로의 자신을 감추는 습관에 젖어버렸는지도 모릅니다. 사람들과 만나면 자신의 실제 모습보다 더 나은 모습을 보여주려고 애쓰고 있다는 기분이 드는 겁니다. 당신도 그렇게 애쓰다가 이런 고민에 빠졌는지도 모르겠네요.

"당신과 함께 있는 탓에 더 열심히 하지 않으면 안 돼. 하지만 너무 피곤한 일이야. 난 혼자 있고 싶어! 하지만 막상 혼자가 되면 사람들을 만나고 싶어! 그렇지만 사람들을 만나면 또 노력해야 해……."

혹시 당신도 이런 악순환에 갇혀서 고통스러워하고 있는 건 아닌가요?

오직 자신만을 향하고 있는 관심

자, 어떻게 해야 이 악순환에서 벗어날 수 있을까요?

앞서 이미 몇 차례 말했듯이 먼저 자신의 부정적인 모습을 직시해야 합니다. 즉, 자신이 악순환의 고리에 갇혀 있다는 사실을 깨달아야 한다는 겁니다. 그리고 다른 사람과 함께 있을 때 '제대로 된 모습을 보여줘야 한다'는 강박 때문에 지나치게 노력하게 된다면, 혼자 있을 때에도 다른 사람들에게 부끄럽지 않은 모습으로 지내면 되지 않을까요? 혼자 있을 때 후줄근한 트레이닝복이나 잠옷 바람으로 뒹구는 습관이 있다면, 그 '후줄근함'과 사람들을 만날 때 느끼는 '긴장' 사이의 차이가 너무 커져서 사람들을 만나는 일이 몹시 피곤해지니까요. 식사도 그렇습니다. 혼자 있을 때야말로 제대로 격식을 차려 먹는 게 좋습니다. 공주님이라도 된 듯 단아하게 식탁을 차리고, 우아한 자세로 앉아 단정하게 식사를 즐기세요. 평소에 그렇게 하다 보면, 사람들과 함께 식사할 때에도 몸에 밴 습관이 자연스럽게 나오죠.

사람들을 만날 때에도 특별히 호감을 느끼는 사람과 그렇지 않은 사람을 대하는 방식의 차이가 크면, 호감 가는 상대와 있을 때 긴장감이 심하겠죠. 예를 들어 가족이나 친구들을 무성의하게 대하는 이유도 그들에게는 별다른 노력을 기울일 필요가 없다고 생각해서 그러는 겁니다. 그리고 그런 사람일수록 남들에게는 지나친 친절을 베풀다가 제풀에 지쳐버리곤 합니다.

일반적으로 연인은 상대방에게 잘 보이고 싶은 열의가 가장 강하기 때문에 그만큼 상대방을 기분 좋게 해줘야 한다는 부담도 크겠죠. 그래서 상대방을 원하면서도 함께 있으면 피곤해지는, 정말 얄궂은 상태에 빠지곤 합니다.

따라서 평소에 그런 차이를 줄이려고 노력하는 게 좋습니다. 예를 들어 그리 중요하지 않은 사람은 대수롭지 않게 대하고, 중요한 사람에게만 지나치게 신경을 썼다면, 이제부터는 중요하지 않은 사람에게 조금 더 신경을 쓰고, 중요한 사람에게는 신경을 조금 덜 써보세요. 이렇게 균형을 찾으면 긴장감도 줄어들 뿐 아니라 무엇보다도 품격 있고 우아한 사람으로 인정받을 겁니다.

누군가를 좋아하게 되면, 그 사람의 모든 것에 관심이 가기 마련이어서 함께 이야기를 나누는 동안에는 즐거워야 합니다. 그런데 아쉽게도 그렇지 않은 이유는 상대방에게 자신이 어떻게 비칠지, 관심이 온통 거기에 쏠려 있어서 정작 그 사람에 대한 관심을 잃어버리기 때문입니다. 바꿔 말해, "싫어하면 어떡하지?", "실수하면 어쩌지?" 하는 걱정 때문에 상대방에게 관심을 보일 여유를 찾지 못하는 거죠.

연애와 인간관계에 실패했을 때, 어쨌든 자신의 문제점이 부각되게 마련이죠. 당장은 고통스럽더라도 그것을 '성격 미인'이 될 기회로 삼아 평소의 생활 태도를 바꾸려는 노력을 기울여보세요. 살아가는 데 꼭 필요한 좋은 기회가 될 겁니다.

합장.

특강 10. 남자를 띄워주는 연습

남자는 띄워줘야 하는 단세포동물

사랑(연인)을 자신의 가치(몸값)를 끌어올리기 위한 도구로 여기면, 서로 고통을 줄 뿐입니다. 자신의 가치보다 상대방의 가치를 올려주는 연습을 하세요.

자, 어떤 방법이 있을까요?

힌트를 드리겠습니다. 힌트는 일본의 옛 전통입니다. 일본 문화에는 '남자를 세운다(男を立てる)'는 전통이 있습니다. 예를 들어 여자는 남자와 함께 있을 때 되도록 말을 삼가고 남자의 이야기, 심지어 재미없는 이야기도 흥미를 보이며 잘 들어줍니다. 그리고 다른 사람에게는 해주지 않는 것을 자기 남자에게만 해주면서 그에게 '특별하다'는 느낌이 들게 해줍니다. 과거에 이런 풍습이 있었던 배경에는 단순히 남존여비의 관습만이 있는 게 아니라 남자가 정신적으로 약한 동물이라는 걸 여자들이 잘 알고 있었다는 사실이 있습니다.

실제로 남자는 가치도 자신감도 별로 없는 존재여서 자신이 가치 있고, 힘이 있어 여자한테서 특별한 대접을 받을 수 있다고 믿고 싶어 합니다. 옛 일본 여인들은 그걸 잘 알고 있었기에 '남자를 세우는 일'을 계속하면서 "당신은 나 없으면 아무것도 못 하니까!"라고 했다고 합니다.

'겐도샤(幻冬舎)'라는 출판사를 세운 겐조 도루(見城徹, 1950~) 씨는 언젠가 자신이 출판인으로 성공한 비결을 밝히면서 여자 친구에게 '멋지다, 대단하다'는 칭찬을 듣고 싶어서 열심히 하다 보니 그렇게 됐다고 고백한 적이 있습니다. 남자가 이렇게 여러 사람 앞에서 자신의 여린 면을 드러내는 건 담력이 세지 않으면 어려운 일이죠. 대부분 남자가 이런 사실을 숨기고 있는 겁니다.

지금처럼 남녀가 평등한 세상이 됐어도, 남자는 여전히 과거의 가치관에 얽매여 여자에게 존경받고 칭찬받고 싶어 합니다. 그걸 통해 자신의 가치를 높이고 싶어 하는 단세포동물이 바로 남자이기 때문입니다. 그런 이유로 여자가 '일으켜 세워주는' 데 익숙한 남자들은 자신의 가치를 올려주기는커녕 끌어내리려고 하거나 자신과 경쟁하려는 여자 앞에서는 몹시 허약하고 무너지기 쉬운 존재가 됩니다.

물론, 오늘날에도 예전처럼 여자들이 '남자를 세우는 일'에 전념해야 한다는 건 아닙니다. 다만, 그런 불균형으로 인해 남녀 관계가 꼬이는 게 안타까울 따름입니다. 게다가 요즘은 남자나 여자나 비슷한 상황에 놓여 있어서 이게 더 어려워진 것 같습니다.

중요한 건 남자든 여자든 어느 정도 불평등을 감수하고, 상대를

'세워줘야' 한다는 겁니다. 칭찬에 인색하게 굴지 않고, 약속은 반드시 지키고, 약속 시간에 늦지 않고, 메일이나 문자 메시지에 성의 있게 답하고, 솜씨를 발휘해서 맛있는 요리를 해주고, 상대방으로부터 사랑과 지지를 받고 있다는 느낌이 들게 해주세요.

그리고 무엇보다도 계속 잘해주는 게 중요합니다. 처음보다 친밀해졌다고 해서 성의 없게 대하면 안 되겠죠. 그렇게 연인의 가치를 끌어올리면, 어느 순간 당신은 연인에게 '없어서는 안 될 존재'가 돼 있을 겁니다. 이 정도면 해볼 만한 노력 아닌가요?

예헴

보편적 연애 심리에 대해

저는 한 모바일 사이트를 통해 꽤 많은 연애 상담을 해왔습니다. 그 과정에서 저는 사연은 각각 다르지만 고민의 핵심적인 유형이 매우 비슷하다는 사실을 알게 됐습니다. 그렇게 구체적이고 개별적인 고민의 배경을 이루는 사랑의 보편적인 심리를 분석하게 된 겁니다.

이 책을 읽는 여러분이 "나는 이런 고민은 해본 적이 없어. 나와는 상관없는 얘기야" 하고 마음을 닫아버리지만 않는다면, 여러분도 미처 몰랐던 자신만의 연애 심리를 발견하고 뜨끔해질지도 모릅니다. 사실 그런 뜨끔한 경험을 통해 변화를 불러내려고 했던 게 애초 제가 의도한 바였기에 어쩌면 이 책을 읽고 그다지 썩 유쾌하지 않은 분들도 있을 겁니다. 죄송합니다. 하지만 뭔가를 진심으로 깨닫게 하기 위해서는 예쁘게 포장하기보다는 뼈 있는 진실을 드러내는 편이 훨씬 도움이 되리라고 믿었기에 어쩔 수 없었습니다.

지금으로부터 3년 전, 저는 『연애와 결혼의 구속에서 자유로워지는 연습장(한국어판 제목 '사랑아, 쉿!')』을 출간한 적이 있습니다만, 이 책에는 아쉬움이 많이 남았습니다. 그래서 이번에 '사랑'이라는 수수께끼를 풀어내는 책에 다시 도전하고 싶었습니다. 그런 의도에서 탄생

한 게 바로 이 책입니다.

연애 문제로 고민하는 여성들의 사연과 제가 상담해드리는 답변으로 구성된 이 책의 내용은 '스피찬'을 운영하는 자팔라스의 다마키 마리 씨가 인터뷰 형식으로 진행한 연재물입니다. 질문과 답변을 적절하게 정리해주시는 마리 씨의 현명한 진행에 저는 여러 차례 감동했습니다. 이 기회를 통해 고마운 마음을 전합니다.

또한 이 책에 '특강'라는 제목으로 삽입한 칼럼은 잡지『지퍼(Zipper)』(쇼덴샤) 2011년 7월호부터 2012년 4월호까지 10개월에 걸쳐「연애도피사」[23]에 연재했던 원고를 정리해 재수록한 것입니다.『지퍼』는 십 대 여성을 위한 패션 잡지여서 청소년을 대상으로 쓴 글이지만, 그 나름대로 애착이 가서 거의 그대로 실었습니다. 위 세대 분들도 풋풋한 젊은 시절의 기분으로 돌아가 읽어주시면 좋겠습니다.

이 책에 칼럼을 수록하도록 기꺼이 허락해주신『지퍼』와 담당자 긴다 요코 씨에게도 깊은 감사의 말씀을 드립니다.

---

23) 戀愛逃避寺: 에도 시대에 바람난 남편이나 강제 결혼에 시달린 끝에 도망 온 여자를 도와 안전하게 숨겨주는 특권을 가졌던 절.

그리고 마지막으로 "저는 연애를 졸업했으니, 이 책의 편집은 젊은 감성의 연애 현역 세대 편집자에게 맡기세요!"라고 하셨으면서도 결국 편집을 맡아주셨던 디스커버사의 호시바 유미코 씨에게도 감사 인사를 드리며 이만 줄이겠습니다.

2012년 어느 여름날 저녁,
야마구치 쇼겐지(正現寺)에서 저자 씀

연애 성취사

1판 1쇄 발행일 2014년 7월 20일
글 | 코이케 류노스케
번역 | 심선지
삽화 | 강민구
펴낸이 | 임왕준
편집인 | 김문영
펴낸곳 | 이숲
본문디자인 | 박혜림
등록 | 2008년 3월 28일 제301-2008-086호
주소 | 서울시 중구 장충단로 8가길 2-1(장충동 1가 38-70)
전화 | 2235-5580
팩스 | 6442-5581
홈페이지 | http://www.esoope.com
블로그 | http://blog.naver.com/esoope
Email | esoopbook@daum.net
ISBN | 978-89-94228-97-6 03180
ⓒ 이숲, 2014, printed in Korea.

▶ 이 도서의 국립중앙도서관 출판예정도서목록(CIP)은 서지정보유통지원시스템 홈페이지(http://seoji.nl.go.
  kr)와 국가자료공동목록시스템(http://www.nl.go.kr/kolisnet)에서 이용하실 수 있습니다. (CIP제어번호 :
  CIP2014019293)
▶ 이 책은 환경보호를 위해 재생종이를 사용하여 제작하였으며 한국출판문화산업진흥원이 인증하는 녹색출판마크를
  사용하였습니다.